EL CAMINO DEL ÉXITO

Omar T Destrade

Reservados todos los derechos. No se permite la reproducción total o parcial de esta obra, ni su incorporación a un sistema informático, ni su transmisión en cualquier forma o por cualquier medio (electrónico, mecánico, fotocopia, grabación u otros) sin autorización previa y por escrito de los titulares del copyright. La infracción de dichos derechos puede constituir un delito contra la propiedad intelectual.

El contenido de esta obra es responsabilidad del autor y no refleja necesariamente las opiniones de la casa editora. Todos los textos e imágenes fueron proporcionados por el autor, quien es el único responsable por los derechos de los mismos.

Publicado por Ibukku, LLC
www.ibukku.com
Diseño de portada: Ángel Flores Guerra Bistrain
Diseño y maquetación: Diana Patricia González Juárez
Copyright © 2023 Omar T Destrade
ISBN Paperback: 978-1-68574-563-9
ISBN Hardcover: 978-1-68574-565-3
ISBN eBook: 978-1-68574-564-6

ÍNDICE

DEDICATORIA	5
Introducción	7
Nacimiento	9
Si la fe es dar el primer paso…	11
Reciprocidad	15
Integridad	17
La culpa	19
Recuperándome	23
Falso mesías financiero	25
Al acecho	29
Desaprender	31
Autoestima	33
Negación	35
La suerte	37
Creer lo que no eres	39
Continuar	41
Paga deudas al tiempo que consigues más dinero	43
La fórmula para llegar a la meta es quererlo, visualizarlo y hacerlo	47
Un hijo de padres prósperos sin futuro	49
Nada se logra solo	53
La prosperidad en los gobiernos	55
Constitución, prosperidad y éxito	57
Pandemia	61
Ucranianos	63
Discrepancia	67
Tu futuro no depende de la suerte, solo de Dios, de tu esfuerzo y perseverancia	71
Tu meta es ganarle a tu mayor excusa	73

Al que madruga Dios lo ayuda	75
Sube a otro nivel, no te detengas	77
No descanse jamás	79
Pasa el balón	81
Aprenda a decir no	83
Saber perder	85
El poder que hay en pedir disculpas	87
No somos Dios	89

DEDICATORIA

Dedico este libro:

A Dios, primeramente, porque de la mano de Dios todo es posible.

A mis padres, quienes, si no fuera por ellos, no estaría en esta fase de mi existencia. En especial, a mi madre, que pudo criarme sin importar los obstáculos. Aunque no me enseñó sobre finanzas, hizo de mí un gran hombre.

A mis hijos, que me dan aliento cada día.

A mi esposa, por su visión de las cosas que veía y que finalmente se concretaba.

A la editorial, por ayudar a concretar uno de mis sueños.

A las personas que me hicieron daño, porque me dieron más fuerzas para seguir adelante.

A ustedes, mis lectores, que al leer mi libro me permiten llegar a ustedes y transformar sus vidas, además de permitirme ayudarlos en este camino hacia el éxito y que vean en mí el potencial de que ustedes también pueden lograrlo.

¡A todos y todas, gracias infinitas!

- METAS
- PERSEVERANCIA
- EXPECTATIVA
- NACIMIENTO
- DESARROLLO

Introducción

Si están leyendo este libro es porque ya realizaron una inversión en la compra de éste o desean comprarlo, cualquiera de las dos, de antemano les agradezco. Ahora quiero que imaginen que están a punto de comenzar un viaje por un nuevo mundo, una nueva forma de ver el dinero, diferente a como lo habían concebido. Además, podrán conocer cómo la influencia de los hábitos adquiridos desde el nacimiento afecta su desarrollo y su forma de ver la vida. Realizarán un recorrido por los matices y la profundidad del mundo empresarial, y descubrirán la manera en que a menudo surgen oportunidades para invertir o emprender, situaciones que pueden ser dolorosas, pero que los ayudarán a crecer personalmente. Comenzar este proceso puede ser duro, no obstante, es verdaderamente necesario, ya que les permitirá alcanzar la plenitud de sus sueños y aspiraciones. Quizás no les enseñaron esto antes, sin embargo, aquí tendrán la oportunidad de conocerlo y evitar algunos obstáculos en su camino hacia el éxito financiero o cualquier emprendimiento que decidan emprender como complemento de su vida empresarial. Aprenderán que hay abundancia para cada uno de nosotros como un principio universal.

Con este libro, mi deseo es que alcancen esta meta; experimentarán plenitud y, por supuesto, la felicidad que la acompaña; recuerden que una vez que alcancen el éxito, deben seguir cultivándolo. Les recomiendo que emprendan en algo que les guste, de manera que luego sientan que no están trabajando, sino que están dando vida a algo propio, algo que realizan con amor; de esta manera, la sabiduría llegará gradualmente a sus vidas. Quizás no se den cuenta, pero las personas a su alrededor sí. Verán que ya no trabajan por el dinero, sino que el dinero es parte de ustedes y trabaja para ustedes.

Querido lector, les abro la puerta a este nuevo mundo para que entren y puedan ver que, aunque las situaciones sean difíciles y dolorosas, siempre se puede aprender de ellas. Utilicen lo que aprendan aquí para ayudar a otras personas, invítenlas a seguir adelante con sus sueños y aspiraciones. La vida es bella y deben seguir adelante, porque cada día es una gran oportunidad; existe abundancia para todos, el universo es infinito; lo que desean con fuerza, pueden lograrlo; cuantos más de nosotros lo logremos, mejor será el mundo. Debemos perdonarnos primero a nosotros mismos para luego perdonar a los demás, de este modo, todas las cosas que deseen llegarán a ustedes más fácilmente y no enfrentarán impedimentos emocionales, serán libres para alcanzar sus metas. A través de esta lectura, tendrán la oportunidad de comprender que todas las cosas están interconectadas, la importancia de mantener una mente libre de negatividad y tener cuidado con las cosas que manifiestan o desean, ya que regresarán a ustedes multiplicadas.

NACIMIENTO

Me preguntaba constantemente qué pasaba conmigo, esa ignorancia que tenía, cuál era mi lugar, dónde estaban las aspiraciones de una persona. No veía en mí nada de expectativa, vivía por vivir y no sabía nada del mundo; mi comportamiento era como el de un zombi, primero de casa al estudio hasta graduarme, luego de casa al trabajo. Luego, surgen preguntas: ¿para qué? ¿Todo era un reflejo condicionado? No había nada que explicar, ya que no conocía nada más. Era parte del 95 por ciento de la población que va hacia el matadero sin importar. Sólo desperté cuando tuve deudas, entonces surgió la necesidad. Al final, al analizar el motivo, pude darme cuenta de que esta situación comenzaba desde el nacimiento.

Descubrí que esos primeros 7 años de vida son esenciales para el aprendizaje automático de hábitos condicionados por la sociedad; los padres siempre deben tener presente que la enseñanza hacia un hijo nunca termina. En ese período de nuestras vidas captamos mucha información; somos como esponjas. No determinamos quién o quiénes nos dan las mejores clases; sólo se guarda en el subconsciente. Con el paso de los años, esta información tiene la capacidad, de acuerdo con su calidad, de hacernos avanzar más rápido o limitar nuestro desarrollo y pensamientos. Por eso, muchas veces no sabemos el motivo de la inseguridad que muchos podrán experimentar.

Finalmente, pude descubrir que se puede evitar si, como padres, tomamos medidas para crear hábitos adecuados en nuestros hijos en esta fase de desarrollo. Su vida, les prometo, será mejor. Su capacidad estará aumentada al recibir esta información. Podemos lograrlo al cambiar nuestro paradigma e iniciar el proceso de metamorfosis, actuando en el subconsciente y creando nuevos hábitos en armonía con la conciencia. Una vez que esto suceda, nuestra mentalidad de pobre comenzará a desaparecer y estableceremos una mentalidad de rico, cambiando nuestro modo de vida por amor a nosotros mismos, lo cual se convierte en una necesidad primordial.

Vamos conociendo aspectos nunca vistos, que ni imaginábamos. Podremos empezar a ver que ser rico no es malo, al contrario, ayuda a mejorar nuestro estilo de vida y a prolongarlo. Entenderemos que nuestra programación siempre estuvo equivocada. Ha llegado el momento de cambiarla, hacer consciente que de eso también depende la supervivencia de nuestros hijos. Nadie más podrá controlar las acciones y el propósito de su vida a partir de este conocimiento. Ya no seremos como animales destinados al matadero; ahora somos libres. ¡Despertamos!, el mundo nos pertenece y ya no habrá justificación. Sólo queda la disciplina para alcanzar las metas, proyectar el futuro comenzando con un primer paso. Es hora de dejar de sabotearte a ti mismo. Sabes lo que puedes hacer; eres el dueño de tu destino. ¡Levántate!, haz tu propio camino. Primero eres tú, segundo tú y tercero, también. Serás lo que quieras y no lo que te programaron en la infancia. La verdadera felicidad no se encuentra en una casa de cristal. Se adquiere conviviendo con todos los sentimientos negativos y positivos que nos rodean. Al reconocerlos, llega el equilibrio. Esta es la única manera de alcanzar el éxito.

SI LA FE ES DAR EL PRIMER PASO...

Si la fe es dar el primer paso, lo primero es la motivación de nuestros padres, siempre intentando vernos caminar. Al final de tanta caída, llanto y tropiezo, finalmente decides caminar cuando ninguno está a tu lado. Por ley de la vida, es algo innato; sientes la necesidad, todo por instinto. Es tu camino, está en nuestro ADN, aparece algo que nos interesa, vamos por él sin importar las consecuencias. Es un principio que sigue a la humanidad.

Igual ocurre con el dinero y el éxito; está impregnado en cada ser humano. Cuando fracasamos demasiadas veces en un proyecto, te cansas, ya no sabes qué hacer con tu vida, surgen dudas; similar al adicto. Después de tanta terapia psicológica, discusiones familiares, encontrarse sin dinero o, por último, su propia vida en riesgo, sin que le digan nada, aparece el instinto de supervivencia de forma que nadie pueda explicar como algo dinámico.

Reflexionas y dices: es ahora o nunca para dar el paso y salir de una vez y por todas de la oscuridad en la que estás sumergido. Notas el renacer del verdadero hombre o mujer que estaba dentro y no podía darse cuenta; estabas en otro mundo; tendremos que ser conscientes de que el bien y el mal siempre se disputan cada día. Me pregunto a cuántos de nosotros puede convencer el mal. Créeme, son muchos. No nos percatamos de que las malas compañías nos arrastran; realmente son las que controlan los actos de nuestra existencia; de forma súbita, se enciende un freno y aparece la luz: "el yo espiritual" está ahí; la consciencia, por primera vez, te pertenece; fue a tu auxilio, siente el poder indescriptible de tu actividad consciente; no hay nadie más. ¡Por fin, eres tú!. Me pregunto: ¿cómo se llega a esto? Veo que los padres, sin darse cuenta por desconocimiento, estimulan el subconsciente, tratando de comprarnos de forma inconsciente. Mamá estimulando para preferirla a ella por encima de papá, pues consideran que merecen ese primer afecto. Nueve meses en su vientre, la mayoría está 24 horas del día con sus hijos. Volviendo al tema de la compra de la consciencia, preguntarás: ¿cómo ocurre? Pues hay un detalle que a pocos nos llama la atención; nos daba de comer y decía con una sonrisa tierna, "¡mamá, mamá!"; hoy creo que era para decirle al esposo que debía estar más tiempo con su niño. Pero, para sorpresa de ella, existe la consciencia espiritual e individual. El niño la traiciona. La primera frase que sale de su boca es "papá", porque sucede eso; la madre subconscientemente le decía que lo dijera. La última impresión que veía justamente era la del padre. Quería la admiración de su papá. Sentía que con la cantidad de veces que la madre lo pedía, era una tortura. Es por eso que debemos tener en cuenta en nuestras empresas o negocios que no podemos repetir a los empleados insistentemente lo que queremos que hagan. La educación no se impone; el proceso es paulatino y con técnicas que les hagan entender; con comunicación sabia e inteligente, de esta manera, al final, todos ganamos.

Tengamos en cuenta la historia. El rechazo es la respuesta natural; ya está codificado. Forma parte de la defensa espiritual del ser humano. La repetición para el cambio de algo que quiera lograr conscientemente es efectiva, siempre y cuando provenga de la intención personal. Es un principio baluarte para alcanzar el éxito y transformar un hábito. Quiere decir, querido lector, que si desea crear un imperio, debe dominar la técnica de comunicación. Saber si estamos dispuestos a escuchar con atención genuina para luego poder decir lo que piensas. Es necesario para una empresa nueva, así puede emplear a las personas que ustedes sientan poseen esa energía positiva, de tal forma que no lo lamentarán en el futuro. Si es una empresa ya constituida, entonces deben pagar para buscar asesores en comunicación, siempre y cuando ya sepan lo que quieren con ellos.

RECIPROCIDAD

"Reciprocidad", un término importante en la humanidad, por naturaleza, debería ser parte de nuestro interactuar diario. A nadie le gusta que no lo tengan en cuenta, sentir rechazo y dañen la percepción de su persona. Supone que debe ser un mutuo acompañamiento en el desarrollo de la relación interpersonal para alcanzar el éxito. Por lo tanto, si no sientes amor por ti mismo y no te consientes, ¿cómo será posible crear prosperidad? La autoestima es un factor fundamental en tu vida ¿Cómo podrás creer que la fe llegará a ti algún día si no te ves de manera positiva? Piensa que eres valioso, y la vida te verá de esa manera. Así, la fortuna o el barco de la felicidad llegarán a ti. El universo poco a poco nos conduce hacia el propósito para el cual fuimos creados: seres rodeados de abundancia.

Amigo, estoy seguro de que interpretarás cada línea que escribo. Si estás leyendo esto, no descuides ninguna frase o principio de este libro. Debes comprender que tenemos que trabajar duro; olvida el azar, este no existe, es pura realidad virtual.

Lo desconocido no existe si decidimos conocer las cosas. No hay nada que no podamos lograr. Debemos cultivar el amor propio y la pasión. Todo rencor, envidia y miedo interno, así como la inseguridad, existen solo si les permitimos entrar. Abre la puerta a la imaginación; el mundo nos está esperando. Hay fortuna para todos; es la creación divina. Estamos hechos a semejanza del creador. El oro y la plata nos pertenecen. Tenemos libre albedrío para creer en esta palabra e ir en busca de la libertad financiera. Deja atrás la carga negativa y activa la positiva; necesitas esa energía. Nunca atraerá carga negativa. No se cumple en este mundo la teoría de que los polos opuestos se atraen; no te dejes confundir. Dile a tu mente subjetiva cada segundo hasta alcanzar tu propósito que nadie puede decidir quién serás mañana excepto tú. Por lo tanto, debes trabajar duro para que tu mente objetiva y subjetiva se conviertan en una sola. Esto se logra creando hábitos de repetición consciente de tus metas. No permitas que nadie te diga que no puedes; puedes alejarte de las personas tóxicas. Siempre podrás reconocerlas; nunca aportan, viven de crítica y capricho. Sé un triunfador, recíprocamente contigo y con el universo, y alcanzarás todo lo que desees.

INTEGRIDAD

¿Qué es la integridad? Una palabra de gran significado; lo cierto es que es una parte innata del carácter de cada persona, se puede perfeccionar y también puede definir el rumbo del pensamiento y el logro real, por lo tanto, debe cultivarse con cuidado y dedicación; ojalá estos sean nuestros primeros pasos en la vida. Imaginen quiénes son los responsables de ese paso tan importante en su vida: sus progenitores. Sí, aunque no lo crean, ellos pueden marcar el futuro del niño y tienen mucho que ver con la creación de un carácter íntegro que permita el desarrollo esencial, marcando el camino de su formación. Son nuestros padres y luego nosotros quienes somos los encargados de que a los hijos les lleguen influencias buenas o malas en el entorno de crianza. Más aún, los niños son como esponjas en esa fase de crecimiento y desarrollo, buscando cualquier información para sobrevivir; ese es su objetivo principal. No pueden discernir la calidad ni expresar emociones en esa etapa, pero son excelentes alumnos, y esta es la única etapa de nuestra esencia en la que absorbemos con excelencia sin que nos obliguen ni nos den nada a cambio. Somos doctores en captar, y la mayor virtud es la paciencia, incluso cuando los profesores no conocen la calidad de la asignatura impartida, lo cual es esencial. Ahora bien, si un niño nace de una familia sin planificación o con padres inmaduros, la situación podría ser mucho peor debido al abandono y las constantes discusiones, lo que genera un sentimiento de culpabilidad. Como sociedad, estamos llamados a tomar conciencia de que somos responsables de la formación de ese bebé desde los primeros momentos en que se decide su concepción. Recuerden que incluso en el vientre de la madre, científicamente comprobado, los bebés reciben estímulos; no es una teoría, por tanto, si desean que sus hijos estén preparados y sean amorosos, envíen estímulos positivos al ser humano que no pidió venir al mundo. Que su deseo de tener hijos sea también un privilegio para contribuir al desarrollo de su bebé con sabiduría. Los felicito, ustedes ya saben que estar preparados y adquirir conocimiento es la herramienta que permite ayudar a crear un carácter independiente. No importa lo que la sociedad les ofrezca después; es la ley. Una base sólida nadie la puede quebrantar; ustedes habrán trazado el camino hacia la prosperidad y el logro de sus metas, tanto en el presente como en el futuro de su heredero. Los esfuerzos que hagamos hoy y la riqueza que obtengamos estarán protegidos como una caja fuerte. Principalmente, el dinero nunca dejará de fluir, ni en tu vida ni en la de tu generación. Recuerden, el conocimiento es poder.

La culpa

No sé si soy yo o si le sucede a todo el mundo, pero en algún momento tendemos a creer que cuando algo sale mal en el futuro, no somos los culpables, sino que culpamos a otros. Por lo general, decimos que es generacional; recordamos a nuestros padres o abuelos, y luego mencionamos las palabras mágicas: "estamos pagando por algo malo que ellos hicieron"; incluso afirmamos que es una cadena o una carga debido a sus errores, puede que haya algo de verdad en eso, pero al repetir este mantra, lo único que hacemos es atraer más negatividad a nuestras vidas. Créanme, no es necesario mirar al pasado en busca de culpables. Hay una solución: llenarnos de valor y decir en voz alta: "Ya basta de tantas excusas". El problema reside en mí y debemos iniciar un nuevo viaje hacia la alegría espiritual, en el cual ya no busquemos culpables, sino que miremos profundamente en nuestro interior y reconozcamos lo que estamos haciendo mal en lo personal.

Yo fui una de esas personas. Esta excusa me llevó a cometer errores que afectaron mi vida familiar. Debido a problemas financieros, trabajaba mucho pero nunca tenía dinero; nadie entendía lo que estaba pasando, ni yo mismo. Esto ocurría porque, en ocasiones sin darme cuenta, buscaba formas desesperadas de hacer crecer el dinero. Llegué incluso a ir al casino en busca de dinero fácil. Al principio ganaba y me sentía contento, pero luego lo perdía todo. Caí en la adicción y perdí el control debido a mi falta de conocimiento en finanzas. Necesitaba el dinero, pero al mismo tiempo lo odiaba, y no entendía por qué.

Era la pura verdad, no comprendía por qué trabajaba tanto para obtener algo que detestaba.

Pasó mucho tiempo antes de que entendiera lo que realmente estaba sucediendo, por esta razón, me sumergí en el juego hasta tocar fondo; ya no sabía qué hacer, cuando cobraba aseguraba el dinero para los gastos del hogar y le entregaba a mi esposa el control. No confiaba en mí mismo, sabía que tan pronto como entrara en la cuenta bancaria, desaparecería; nunca agradecía al dinero por llegar a mi vida. Había meses en los que no tenía suficiente dinero ni para comer fuera de casa ni para compartir con mis compañeros de trabajo; no había necesidad de que las cosas llegaran a ese extremo; ganaba lo suficiente, al menos eso creía.

Recuerdo que mi esposa me miraba sin decir nada. En el fondo, estaba sufriendo. Ella me amaba y se le ocurrió llevarme comida al trabajo. El universo nunca me abandonó. Muchas veces, cuando estaba realmente apretado, llegaba algo de dinero y no entendía por qué. En una ocasión, planificamos un viaje y compré los boletos de avión con anticipación. Tenía miedo de gastarlo, ya que había dado mi palabra de que lo utilizaría como regalo de cumpleaños para mi esposa. Pensé que podría retener el dinero, pero no pude. Una vez más, confié y esperaba recibir recursos de una inversión de un conocido. Sin embargo, al final, resultó ser una estafa. Estas cosas tienden a perseguirte cuando no te amas a ti mismo.

Llegó la fecha del viaje y, como siempre, la ley divina me envió un pequeño premio, o mejor dicho, un ultimátum. Me debían dinero y justo antes del viaje me lo pagaron. No lo podía creer. Pero puedo asegurarles que ya había empezado a pensar de manera diferente acerca del dinero. No imaginé cuán rápido surtiría efecto.

Realizamos el viaje con el dinero que me debían, seguía pensando en el dinero que el conocido del negocio me enviaría, pero nunca llegó a mi cuenta bancaria; al regresar a casa, seguía muy preocupado, consciente de mi situación financiera precaria. Un día, en el trabajo, mi esposa volvió a llevar comida para ahorrar. Ese día me dijo que ya no teníamos dinero para comprar comida en casa. Recuerdo ese día como si fuera hoy. Saqué el dinero de mi billetera y sentí como si fuera una energía que me decía: "Aprende a amar el dinero a partir de hoy"; le di las gracias, algo que nunca había hecho antes. Al sacarlo de mi cartera, sentí su valor y lo que realmente significaba. Comprendí que el dinero nunca fue mi enemigo; era mi ignorancia. El dinero fue mi aliado todo el tiempo, pero yo no lo reconocía. Era parte de mí, un amigo cercano que gritaba: "¡Aquí estoy para ti!".

A partir de ese día, nunca dejé de darle la importancia que se merece al dinero. Comencé a darle las gracias cada vez que entraba a mi cuenta o salía de ella, y créanme, funcionó. Una de las leyes más antiguas dice: "Si amas el oro, este volverá a ti; jamás te abandonará". Yo lo creí y también lo afirmé. Desde ese momento, me considero un hombre muy afortunado y feliz.

Querido lector, si aún no aplicas esta ley, te animo a empezar hoy mismo. Verás sus resultados cuando menos te lo esperes. Recuerda, el tiempo no se recupera, pero el dinero sí.

RECUPERÁNDOME

Recuerdo esos días; fue el inicio de darme cuenta de que me había sumergido en una enfermedad (adicción). Adivinen, yo mismo me había entregado a ella con ayuda del desconocimiento y, por qué no, del medio en el que empecé a desarrollarme, junto al deseo intenso de sacar a mi familia de un país sin progreso. En fin, la sociedad a veces puede ser un cardo completo que te lleva a la perdición si no encuentras a las personas correctas a las que recurrir en medio de la confrontación con tu ser interior. No sabía qué hacer ni hacia dónde iría; triste realidad que no entendía. Cómo llegué a ella, recuerdo esos días como si los estuviera escribiendo ahora.

Mi esposa llegó con el almuerzo por iniciativa propia. Ella veía mi desesperación y decidió hacerlo durante varias semanas tratando de ayudar; aún no pasaba nada por mi mente, estaba tan profundo en la oscuridad que no podía ver lo evidente. Sólo cuando llegó el dinero ese día a mi tarjeta bancaria, tenía algo para terminar el mes. No fue hasta que mi esposa me dijo que no tenía dinero ni siquiera para tomar un autobús, que costaba centavos, que el detonante de mi memoria se disparó. Inmediatamente, me envió información consciente de que tenía que romper ese ciclo o terminaría muy mal. Fue entonces cuando empecé a amar el dinero. Me di cuenta de que ya era hora de que dejara de sentir lástima por mí mismo y de que dejara de victimizarme. Debía tomar la iniciativa. Vi el poder del pensamiento y su visualización, además de la creación de un hábito para lograrlo. Fue entonces cuando se me ocurrió que no fue casual, porque las casualidades no existen, otro mal hábito que aprendimos.

Recordé que el teléfono no sólo sirve para llamar, revisar correos, hacer cuentas o mirar la plataforma y otras noticias, sino que también tiene una alarma; escribí el concepto de ludopatía y lo que tenía que hacer con el dinero cuando llegara a mí; construí un proyecto de vida con objetivos y metas para solucionar de una vez por todas esta adicción y aprender a desaprender lo mal aprendido; escribí lo que deseaba hacer en el recordatorio del teléfono una vez que sonara; era la clave para recordar lo que tenía que hacer y cómo solucionarlo. Decidí que sería a las 6:00 a.m. y las 9:00 p.m. cada día, sin importar dónde estuviera. A partir de ese momento, mi vida dio un giro de 180 grados; Comprendí que todo lo que me propusiera, lo cumpliría. Hay algo que no les he dicho: "el juego al que era adicto estaba frente a mi trabajo"; imaginen que siempre lo veía. Realmente, ese método comenzó a funcionar. Llegó un momento en el que ni siquiera me daba cuenta de que existía el local. Empecé a perder el miedo y a sentirme más seguro; ya podía ir al centro comercial sin temor, porque en mi subconsciente ya no existía para mí. Inicié una nueva y fructífera etapa en mi vida. Me hice muchas preguntas y finalmente tuve respuestas. Comencé a estudiar libros y a escuchar audios sobre finanzas y emprendimiento. Pero ojo, siempre debemos estar alerta. Nunca crean que el peligro pasa. Siempre debemos trabajar continuamente en la consciencia y la subconsciencia. Si lo que hacemos está impulsado por la pasión, no permitirá que un obstáculo nos detenga.

FALSO MESÍAS FINANCIERO

No sé si les ha sucedido a ustedes, pero cuando pensaba que ya me había pasado todo lo malo, aparecía un nuevo problema, una situación cada vez peor; el universo entero conspiraba contra mí, como si las alineaciones cósmicas de las cosas fueran en mi contra. Ni siquiera el dinero que supuestamente estaba seguro en el banco se salvó. Estaba en una fase de mi vida en la que no lo amaba, y se cumplía muy bien el principio que plantea que aquel que no ama ni administra bien su dinero, este recoge su maleta y se va.

Fue cuando escuché por primera vez sobre los hackers financieros. Me habían robado una buena cantidad de dinero, a pesar de que había comprado un seguro contra robo bancario. De forma rara, este seguro no cubría los robos de este tipo. Por lo tanto, si algún día deciden tener un seguro, asegúrense de saber todo lo que cubre. Imaginen la sorpresa cuando la oficina me informó que debía hacer un papeleo y que ellos analizarían mi caso en unos días para darme una respuesta. Dicha respuesta fue que, para recuperar el dinero perdido, debía denunciar el robo en la superintendencia de mi país. No sé cómo se llama en su país de origen.

Entonces, me convertí en detective e investigué sobre estos robos en el mundo, pero no encontré nada. Fue entonces cuando tuve una idea y decidí contactar a un especialista informático. Por una extraña coincidencia, este especialista se llama igual que un amigo mío que instalaba cámaras de vigilancia.

25

Me comuniqué con él, pensando que era la persona indicada, y sin decirle nada, le expliqué mi situación. ¿Saben lo que me dijo? ¡Qué casualidad, estaba pensando justamente en ti! En ese momento, pensé que finalmente el universo estaba de mi lado.

Él me habló y me informó que se encontraba en un evento de tecnología y criptomonedas novedoso donde estaban vendiendo teléfonos inteligentes anti-hackeo. Por mi ignorancia, imagino que él también estaba un poco confundido. Me emocioné al pensar que evitaría que me pasara lo mismo con esta nueva tecnología. Viajé al día siguiente y realicé la inversión, que incluía una gran suma de dinero; recuerdo que compré dos teléfonos, uno para mí y otro para mi esposa. Esto también incluía una cantidad de tokens o criptomonedas cuyo valor aumentaría con el tiempo, según lo que nos vendieron; ya saben en qué terminó: fue pura estafa.

Fue así como conocí a otra persona con la que mantendría contacto en el futuro, me informó que, con su conocimiento en este campo, crearía algo que ayudaría a muchas personas; me preguntó si me interesaba unirme, y pensé que finalmente había encontrado a alguien serio, un mesías financiero. Sin embargo, fui un poco tonto, puesto que, al final ese mesías no existía. Aprendí dos lecciones importantes: nunca invertir en lugares que no conozco y no invertir todo mi dinero en un solo negocio. Además, si deciden invertir, háganlo sólo con el 10 por ciento de su capital.

No crean en todos los cantos de sirena ni en buenos samaritanos sin ninguna trayectoria de fortuna y éxito, siempre deben investigar con quién se relacionan y dónde invierten su dinero. Esta es una de las reglas de oro descritas en el libro, El hombre más rico de Babilonia, que plantea: "El oro sigue al que lo aprecia". Por eso, deben tener presente que la mayor riqueza es su conocimiento. La sabiduría es y siempre será la mayor fuente de riqueza. Nadie podrá robársela ni quitársela. Les pregunto, ¿por qué creen que los millonarios verdaderos y prósperos pueden regalar toda su fortuna y luego esta regresa multiplicada con creces? Entonces, amigo, mi consejo es que adquieran todo el conocimiento que puedan. Compren cuantos libros tengan a su alcance sobre finanzas, emprendimiento y más. Escuchen audios, nutran su mente, llenen al cien por ciento su cerebro de lectura; con esto podrán encontrar el éxito y más que eso. Lo que les pertenezca estará en correspondencia con lo aprendido. Nacimos para ser millonarios y prósperos. Por eso, concluyo y les reitero: la sabiduría es y será por siempre nuestra fuente de mayor riqueza. Si no tienen el conocimiento, el oro no podrá regresar a ustedes.

AL ACECHO

Ahora bien, no creas que, con leer todos esos libros, escuchar audios e investigar mucho, ya estás preparado y que no caerás en problemas; si lo piensas de esta manera, estás muy equivocado; recuerda tu infancia, en la edad de desarrollo puerperal; muchas veces lograbas caminar casi sin problema, aunque en otras tropezabas y caías. Luego, instintivamente, te levantabas y seguías caminando. Esto es similar a la búsqueda del éxito, dado que el camino puede ser tortuoso y peligroso.

Permíteme recordarte algo: ¿crees que, con el avance de la tecnología, sólo tú te preparas y lees, escuchas audios? Si respondes afirmativamente o piensas de esa manera, nuevamente te equivocas. Con el advenimiento de la tecnología, los estafadores también han mejorado sus habilidades; encuentran nuevas formas de realizar su trabajo con un perfil más profesional. Ahora usan corbata, conducen carros de último modelo y viajan en aviones privados, lo que dificulta aún más el camino hacia el éxito verdadero para las personas honradas. Es por eso que, entre las personas, sin ofender a nadie, circulan muchos dichos en contra de los millonarios como, por ejemplo: "seguro lo es, porque ha robado el dinero a otros" o "es dinero mal habido". Esto me lleva a la conclusión de que desde tiempos remotos estos personajes han evolucionado, están presentes y lo estarán en el futuro. Son un eslabón muy importante para el desarrollo espiritual del verdadero millonario.

Debido a esto, sólo una pequeña parte de las personas en el mundo son ricas; las demás no se arriesgan, incluso teniendo cierto conocimiento. El verdadero aprendizaje se adquiere con perseverancia, y si tienes una meta bien definida, te levantarás cada día de la vida sabiendo que te enfrentarás a obstáculos y dificultades. A pesar de todo, perseverarás, puesto que sabes que tu pensamiento consciente está en armonía con el universo espiritual y tu objetivo es alcanzar el premio gordo: la sabiduría. Esta sabiduría te permite discernir entre las oportunidades reales y las inversiones oscuras que no te llevarán a nada.

Con esto quiero decirte que nunca debes creer que, aunque hayas realizado tu tarea, ya has logrado todo. La sabiduría se debe cultivar día a día y jamás se agotará. Al igual que los principios de la riqueza, debemos seguir con el interés compuesto del conocimiento y transmitirlo a nuestros hijos, nietos y amigos, para que continúe la línea de sucesión de generación en generación. Nunca debes abandonar tu propósito, incluso si piensas que no lo lograrás. Al final, siempre cosecharás los frutos; ten fe real y paciencia; cuando estés preparado, lo sabrás. El triunfo jamás será para los cobardes.

DESAPRENDER

¡Hola!, posiblemente te estés preguntando si he leído todos los libros y revistas, y he escuchado todos los audios sobre la riqueza, y aun así sigo en la misma situación. Permíteme decirte que existen dos motivos fundamentales que se resumen en no utilizar correctamente las técnicas de aprendizaje o incluso desaprender lo que creías saber para empezar desde cero. Este segundo aspecto es el más importante, dado que todo lo que conoces está arraigado profundamente en tu subconsciente, quizás debido a alguna experiencia traumática, lo que hace que sea casi imposible poner en práctica lo que es correcto.

Si eres una persona intranquila e impaciente, debes comenzar por analizar qué está funcionando mal en ti y establecer metas claras; una vez identifiques el problema y sientas que no puedes enfrentarlo solo, busca el apoyo de un profesional que te ayude a superar tus miedos e inseguridades. Después de esto, podrás emprender el largo camino del desaprendizaje de los malos hábitos, los cuales han estado arraigados en tu ADN durante mucho tiempo. Nada sucede por arte de magia ni por milagro, a veces necesitamos la ayuda de alguien más, puesto que nuestra familia o mejores amigos no siempre pueden ayudarnos.

Puede que tengas que invertir tiempo y recursos para lograr tu felicidad y la paz que te permitirá alcanzar todo tu potencial como ser humano. No renuncies sólo, porque las cosas se han vuelto difíciles; recuerda que lo que realmente vale la pena no se consigue fácilmente. Las grandes obras se logran no por la fuerza, sino por la perseverancia.

AUTOESTIMA

Como puedes haber notado al leer este libro, desaprender para aprender no es nada sencillo; al contrario, es muy difícil; para colmo, todo lo aprendido en tantos años, quizás junto con la carga de los malos hábitos, no te sirvieron para hacerte millonario ni rico; nada de lo estudiado te llevaría a lograrlo; nadie te explicó que el camino hacia el éxito sería difícil, no obstante, te puedo afirmar que es posible y es tu derecho.

Por consiguiente, debes adquirir nuevos hábitos y perfeccionar tu autoestima con técnicas recomendadas por un profesional o desarrollarla según tu problema y necesidades. Así podrás ver y darte cuenta de que, en este mundo, tú eres lo primero. Si te amas a ti mismo, podrás lograr lo que desees.

Te recomiendo aplicar técnicas que pueden ayudarte como, por ejemplo, al levantarte no te apresures a ponerte de pie; quédate un rato en la cama, estira tus músculos, realiza respiraciones suaves para oxigenar cada parte de tu cuerpo; luego, ora, medita y reflexiona sobre lo que harás ese día; después, levántate de la cama, tómate un vaso de agua (puede ser una infusión), elimina las toxinas de tu cuerpo en el baño, inicia una rutina de ejercicio seguida de una buena alimentación, que es muy necesaria para el cuerpo; organiza en tu mente lo que harás durante el día, la tarde y la noche. Prepárate para posibles inconvenientes y cómo los vas a enfrentar, en todo caso, siempre mantén en tu mente un día lleno de gozo. Por último, date un baño dejando que el agua caiga desde tu cabeza por todo el cuerpo; aquí puedes cantar o gritar para relajar más tu cuerpo y mente, debes hacer esto cada día hasta que se convierta en un hábito; cuando forme parte de tu ser integral, todo saldrá normal y sin esfuerzo, y estarás listo para adentrarte en el aprendizaje del nuevo mundo que te espera. Al florecer tu autoestima, podrás conquistar lo que te propongas.

Negación

Como verás, con todo lo negativo que hayas pasado, te vendrán a la mente muchas cosas, incluso el deseo de renunciar a lo que leíste y aprendiste en esos libros, y que, por derecho, ese conocimiento adquirido te corresponde; puede ser que tu decisión inicie un ciclo de lucha interna, a lo que llamaré proceso de autonegación o sabotaje espiritual. Querrás tirar la toalla, en todo caso ya es tarde, porque como dice la Biblia, "conocerás la verdad y la verdad te hará libre", quieras o no. Después de eso, todo lo que ocurra a tu alrededor reflejará lo aprendido en muchas circunstancias que tendrás que enfrentar en la vida. Lo que escuchaste en los audios o lo dijeron algunos de tus tutores, ya no puedes escapar; es tu realidad y no tienes otro remedio que inmolarte internamente e iniciar de nuevo.

Porque te diré, amigo, todo lo que tu corazón y mente se propongan con sabiduría lo pueden lograr; aquí estoy yo, que, con este, mi primer libro, hago realidad lo que hace mucho tiempo quería hacer. Las circunstancias, por lo general negativas, me impedían continuar, propiciadas también en mi yo interno que no me dejaba avanzar; ahora prefiero pensar que no era el momento indicado. En verdad, no habría tenido tanto conocimiento ni experiencia para decirte cómo lo hago hoy, que lo vivido me permite hablarte con propiedad y afirmar que sí se puede. Sigue por ese camino, cualquiera que sea, siempre que sea tu visión.

Tú vas bien, falta muy poco para lograr tus sueños, metas y realidades programadas en tu pensamiento. Estoy seguro de que una vez que finalice este proceso, serás otra persona; tu autoestima se elevará y el mundo será tuyo para siempre. No habrá más obstáculos; nada se interpondrá en tu vida. Seguirás buscando lo que ya está concebido para ti: ser un triunfador y alcanzar la verdadera sabiduría suprema. Olvida todo lo malo y enfócate en las cosas buenas que vas logrando. Sí, ponte a pensar cómo lo hiciste y prográmalo en cada cosa que hagas como un hábito nuevo. La mejor forma de acabar con la negación es no hacer caso; solamente concéntrate si es algo necesario que aporte ideas positivas para un mejor tú. Cada fracaso o error es una oportunidad para crecer y aprender. ¡Enfócate!

LA SUERTE

La suerte, ¿qué es? ¿Un estandarte adquirido por los hombres para hablar de la buena fortuna? Una forma equivocada de definir el éxito de una persona cuando, en realidad, se trata de un patrón reservado para aquellos que entienden la dinámica profunda de la vida. Aquellos que prosperan en todos los sentidos, quienes el universo, debido a su preparación y transparencia en su actuar, les otorga su aprobación en el examen al que están destinados, sin apresurarse, avanzando con paso firme sin desesperarse; aprenden de los errores del camino que los llevaron a nutrirse del conocimiento de sus tutores en vida, a través del escabroso, pero seguro destino. De esta manera, cuando llegue la gran oportunidad de negocio, estarán listos; será el momento concedido por el universo, el patrón del equilibrio entre dos mundos: el espiritual y el material. Sin esta armonía, es imposible lograr un éxito profundo y verdadero que te permita alcanzar lo concebido por la materia gris de tu memoria consciente. A través de la armonía y la concepción de tu pensamiento, que se ha establecido a lo largo de años de madurez y persistencia, en sincronía con el universo.

+Nada ocurre por casualidad o suerte, solamente es el tiempo, sucediendo en el momento adecuado basado en épocas de aprendizaje, generalmente difíciles, aunque para la sociedad pueda no parecerlo así. La mayoría puede pensar que lo que hoy lograste con tanto esfuerzo lo alcanzaste de la nada, sin mirar más adentro. Solamente aquellos de mentes gigantes pueden disfrutar de tu prosperidad, puesto que pueden verse reflejados en ti también. Recuerda, todo comienza con un primer paso, es lo único; no hay otra manera de alcanzar tus metas; nada, absolutamente nada en el universo llega rápido. Lo que llega rápido también se va rápido. Cuídate de los éxitos que lleguen de esa manera; son efímeros, como ganar la lotería. Debemos trabajar duro y esforzarnos en nuestros propósitos con planes bien concebidos y transparentes para que nuestros logros sean permanentes, una herencia de generación en generación, ya que trabajamos con objetivos concretos para un fin mayor.

Quien esté sereno y firme, nada de lo que ocurra a su alrededor lo derrumbará, nunca olvides invertir primero en algo que conozcas muy bien; cuanto más conocimiento tengas, mayor será la probabilidad de éxito, si quieres invertir en algo que suena como una oportunidad; sin embargo, no estás familiarizado con esa inversión, asegúrate de que quien te presente el negocio sea confiable y esté claro en el proyecto que te presenta. Siempre debes buscar asesoramiento de personas que conozcan el emprendimiento, incluso la persona que te presenta cualquier proyecto. Si todos están de acuerdo, puedes considerarlo; no obstante, invierte con personas que también aporten su propio capital al negocio en cuestión. Ningún sabio hará un negocio con alguien que no aporte su propio capital. Ten esto siempre en cuenta. Si no conoces, no inviertas. No querrás perder el dinero que tanto te costó acumular a lo largo de los años. No importa si es la décima parte de tu capital o incluso menos; es tuyo y nadie lo valorará más que tú para hacerlo crecer. Esa seguridad te la dará el conocimiento sobre el dinero.

CREER LO QUE NO ERES

Estoy seguro de que, si todos realizamos este ejercicio, nos esforzamos y exploramos en nuestro subconsciente, encontraremos momentos de nuestra infancia en los que nuestros padres o sus amigos nos hicieron creer que algo que habíamos hecho mal estaba bien debido a nuestra actitud inocente; celebraban cuando nos escondíamos, aunque nuestro yo infantil sabía que era algo malo; para nuestra sorpresa, no pasaba nada malo, y nos premiaban con una sonrisa, diciendo que éramos inteligentes. Crecimos con una distorsión de la realidad.

Debo aclarar que quizás muchos padres eran analfabetos, y otros tenían muchos hijos, como mi mamá. Imagino que sus amistades también lo eran. Hoy puedo entender, gracias a mi conocimiento, que personas con pensamientos similares tienden a atraerse. Es por eso que no debemos juzgarlos. Sin embargo, debo reconocer la influencia inmensa en la formación de mi personalidad distorsionada sobre el éxito. También reconozco la educación recibida sobre el respeto a los mayores y a los bienes ajenos, lo cual me ayudó mucho, aunque no con la educación financiera, aparentemente.

Todos estos hábitos, luego en la edad adulta, me ayudaron a moldear mi carácter y me permitieron tener la capacidad para estudiar y convertirme en un profesional. Aunque nunca tuve la oportunidad de pensar en ser millonario y próspero, me convertí en una persona más del montón. Trabajar y trabajar para el dinero es algo muy malo. Al final, mi vida siempre era un círculo vicioso. Nunca me inculcaron el amor por el dinero porque en su cultura se consideraba avaricia. Cosas que hasta el día de hoy no entendía. Me preguntaba por qué trabajaban duro para sobrevivir con lo poco que ganaban mes tras mes. Quizás esa fue la única enseñanza que subconscientemente aprendí en mi infancia: tenía que hacer algo, pero nunca pasó por mi mente ser millonario como lo pienso hoy en día. Es mi tarea y debe ser la suya también; debemos terminar de una vez por todas con la esclavitud generacional; Es su deber, nadie vendrá a liberarnos de esas cadenas; deben saber que existen muchas maneras de lograrlo; enfocarse, estudiar y aprender de la vida, dejando atrás todas las cosas malas. Al final de nuestras vidas, somos el resultado de las elecciones y pasos que hemos dado a lo largo de ella. Por lo tanto, trazarse una meta y trabajar con toda tu fuerza hasta alcanzarla.

CONTINUAR

Como bien saben, a todos nos ha pasado que nos encontramos con este dilema que, aunque aparentemente es ingenuo, encierra dos grandes problemáticas del ser humano y refleja una situación instantánea que requiere una acción, ya sea positiva o negativa. Dependiendo de nuestra motivación divina, la elección que hagamos podría ser un factor a tener en cuenta al definir nuestro futuro y la convivencia, siendo un preámbulo para la victoria o la derrota. Por lo tanto, amigos, hablarles de esta situación define dos complejas circunstancias en nuestra vida cotidiana, y cada día nos podemos encontrar con esta disyuntiva continua: ¿elijo el camino que me lleva al fracaso por miedo, o continúo por el camino que me lleva a la paz y la tranquilidad, aunque esto último requiera mucho esfuerzo y sacrificio? Puedo asegurarte que la segunda opción será siempre la correcta; no debemos vacilar. Irrumpamos y movilicemos nuestro instinto infinito. ¡Hagan esto y no se arrepentirán jamás!

Dentro del reino animal, así como se nos dio el libre albedrío, también se nos dio la capacidad de ser dueños de nuestro destino, a semejanza del creador; por eso, al tener las mismas condiciones, piensen que el universo nos pertenece; podemos controlarlo si tenemos la capacidad y la fuerza para lograr lo que deseamos; somos dueños de nuestro propio destino, el éxito nos está esperando; no rechacen la decisión de seguir buscando la felicidad divina; podemos lograrlo todo en este universo. Soy un ejemplo vivo de lo que les digo a través de esta conversación.

Salgan y díganles a sus mentes: "Yo sí puedo". Cuando se estén bañando, canten, griten y rían, porque nadie puede controlar el objetivo que se propongan. Mantengan siempre en sus pensamientos el propósito de ser dueños de sus vidas. El éxito les está esperando. Ahora, salgan a buscarlo.

Paga deudas al tiempo que consigues más dinero

Algunos de nosotros, cuando éramos novatos e inexpertos, caímos en la trampa de la inexperiencia. Anhelábamos tener un automóvil, una casa, lujos y, por supuesto, para algunos, presumir el sueño americano. Para todo esto, siempre hay un mercado, y los lobos acechan esperando esa oportunidad, ya sean prestamistas o bancos. No digo que pedir un préstamo sea malo, siempre y cuando se esté en una buena condición financiera y se tome con responsabilidad. En mi caso, y quizás en el de muchos otros como yo, esa podría haber sido la peor inversión, o, mejor dicho, decisión que tomé.

La realidad, amigo, es que no saber administrar el dinero ni cómo gestionar préstamos puede ser devastador cuando tus ingresos disminuyen. Pagar las deudas se vuelve imposible, lo que resulta en una acumulación de deudas y un creciente nerviosismo financiero. Si no sabes cómo manejar la presión, puedes perder la confianza en ti mismo y afectar tus relaciones familiares.

Mi recomendación sincera es que, si estás considerando pedir un préstamo, lo primero que debes hacer es prepararte. Debes estar financieramente sólido y tener un profundo conocimiento de las leyes del éxito. También, debes tener una clara comprensión de para qué necesitas el capital que estás solicitando. Asegúrate siempre de que sea una deuda "buena", es decir, que se use para impulsar un negocio o inversión que, a la larga, te ayude a salir de las deudas. De lo contrario, se convertirá en una pesadilla y dañará tu historial crediticio.

Antes de acudir a un banco o a prestamistas, ten en cuenta que también es un gremio y se protegen mutuamente. Si pides un préstamo, trata de establecer una buena relación con ellos, ya que confiaron en ti. Cuanto más rápido pagues, más fondos podrán proporcionarte en el futuro para proyectos más grandes.

No todos los empresarios exitosos están de acuerdo con esta opción, pero la realidad es que, si tienes un buen fondo de seguridad laboral, usar el dinero de otros puede ser una estrategia efectiva. El mismo principio se aplica a quienes te prestan dinero, algo que pocos cuentan.

Ambos métodos pueden ser igualmente válidos si tienes un buen fondo, seguridad laboral y un deseo genuino de hacerlo bien por ti mismo. Si deseas comprar o iniciar un negocio al contado, está bien, pero la mayoría de las personas que comienzan no tienen una gran cantidad de capital y necesitan crear un historial crediticio. En este caso, es la única manera de avanzar. El secreto aquí es utilizarlo como una deuda positiva y, como dice el título, pagar las deudas mientras generas más dinero con tu negocio, que es la clave del éxito, siempre y cuando estés bien preparado.

La educación financiera es un elemento fundamental en el camino hacia la riqueza. Una buena forma de dividir tus ingresos es asignar el 20 % para ti mismo, el 60 % para gastos y compartir con la familia, y si sobra, añadirlo a tu 20 %. Luego, destina el 20 % restante para pagar deudas. Realiza este proceso de manera organizada y mantén un registro de a quién le debes. Si no tienes deudas, puedes considerar destinar un 30 % para ti mismo y el 70 % para gastos, esa es mi recomendación. Sé que hay otros métodos de distribución, pero esta forma me ha funcionado muy bien.

No olvides la regla básica del dinero: nunca debe quedarse inactivo. En mi caso, te recomiendo lo que hice: ahorra en un banco en un fondo de inversión con una tasa fija cada tres meses, aunque también puedes hacerlo mensualmente durante hasta 12 meses. Hazlo hasta que aparezca una oportunidad de inversión sólida. Sin embargo, solamente invierte el 10 % de tus ahorros en cualquier inversión. Además, es crucial reinvertir las ganancias para hacer crecer tu negocio. Una vez que tu negocio genere dividendos adecuados, puedes considerar la posibilidad de iniciar otros proyectos, siempre siguiendo el mismo principio.

LA FÓRMULA PARA LLEGAR A LA META ES QUERERLO, VISUALIZARLO Y HACERLO

Siempre sentí que tenía un propósito en la vida, y creo que todos estamos en ese proceso de buscar una meta; algunos, como decimos en Latinoamérica, tienen la suerte de nacer en cuna de oro, en familias adineradas; en otros casos, tienen la fortuna de contar con relaciones transparentes y conocimientos sobre dinero. Pero la mayoría, como yo en mi juventud, no teníamos esas ventajas; a pesar de ello, tenía una meta. Entonces, ¿Cómo podría alguien sin ese entendimiento concretarla?; era una tarea difícil. La verdad es que, ya sea a favor o en contra, sólo debemos estar atentos y no perder el rumbo.

Las adversidades nunca dejarán de existir, sin embargo, debemos mantenernos centrados y buscar dentro de nosotros lo positivo de cada enseñanza; aunque las clases de nuestros padres sobre economía puedan parecer escasas, siempre hay algo que aprender. En mi experiencia, descubrí que mi mamá siempre me inculcó valores como la honestidad y el respeto hacia los mayores; con el tiempo, adquirí un poco de conocimiento y lo interpreté de esta manera: cuando preguntaba sobre el dinero a personas prósperas, me decían que ganara mi dinero de manera honrada, que trabajara y emprendiera sin desistir, y así lograría mi objetivo. Nunca debía robar, lo que significaba que, al realizar un negocio con alguien, no debía pensar en ganar a expensas de la pérdida de mi socio; debía llevar a cabo cualquier negociación de manera que ambas partes salieran beneficiadas. Entonces, entendí que lo que mi madre me decía sobre no mentir se refería a no engañar a mis socios comerciales. Siempre debía ser claro y transparente, exponiendo los pros y los contras para que ambos estuvieran de acuerdo. Si no estábamos de acuerdo, no debíamos iniciar ningún negocio. Cuando mi mamá me decía que "todo lo que hagas mal se paga en la tierra", se refería a que, al realizar un mal negocio y afectar a alguien por no ser sincero, perdería una parte importante en este mundo.

Aunque no lo creas, en los momentos difíciles nunca sabes quién te podrá tender la mano en el camino tarde o temprano. Ciertamente, no podía verlo en aquel entonces puesto que cada persona llega a tu vida para enseñarte algo, según su nivel de conocimiento. Mientras escribía cada nota, podía percibir la energía que el universo enviaba. Antes, sinceramente, no podía sentirla; quizás muchos estén en esa fase en este momento. Por eso, les ofrezco un nuevo método para comprender la belleza del intelecto humano. Aunque parezca sencillo, siempre hay una enseñanza valiosa que se puede transmitir. Si no estás preparado ni tienes la mente abierta a la inmensidad, es imposible reconocerla. Ahora entiendo y sé que ustedes también lo verán y lo tendrán en cuenta. Si logran verlo como yo pude, sabrán que están en el camino correcto hacia la propiedad y el éxito.

Un hijo de padres prósperos sin futuro

Sé que algunos podrían decirme, "Omar, conozco a hijos de padres prósperos que, a pesar de no tener problemas intelectuales, también malgastan su fortuna. Sus padres están felizmente casados, los educaron bien, pero, aun así, no cuidaron su fortuna." En algunos casos, cuando los padres fallecen, estos hijos se encuentran con muy poco o incluso sin nada. Esto es especialmente cierto si los padres pensaron en sus hijos con discapacidades intelectuales o físicas, ya que, en esos casos, generalmente los aseguran y dejan en manos de la familia con una carta de promesa y supervisión.

Ahora, hablemos de aquellos hijos que son normales, pero no aprovechan la bendición que Dios les ha dado y por eso terminan sin nada. Hay varias razones para esto, aunque en su mayoría, todo se reduce a una mala educación. También existen casos en los que malas influencias envidiosas dan consejos destructivos.

Algunos de estos hijos abusan de la confianza de sus padres, les mienten y les roban dinero para luego perderlo con amigos o mujeres. También están los padres que no entienden lo que están haciendo, creen que al darles todos los caprichos a sus hijos los están beneficiando, sin darse cuenta de que sus malas decisiones están afectando el patrimonio familiar. Si se les da demasiado dinero a los jóvenes sin enseñarles el valor del dinero, tarde o temprano, se enfrentarán a las consecuencias. Es un principio básico de la gestión financiera: una vez que lo aprendan, encontrarán sus propias respuestas y evitarán cometer los mismos errores con sus propios hijos. Quienes no cuidan su dinero, en última instancia, verán cómo el dinero busca otros destinos, lo que significa que, con el tiempo, los padres pueden quedarse sin nada.

La clave está en educar a tiempo a los hijos y rodearlos de personas que valoren el dinero. Hay muchas formas de lograrlo: llevarlos a reuniones de la empresa, permitirles expresar sus opiniones sobre el negocio en casa, mostrarles aspectos relacionados con las finanzas y el negocio familiar y cuando sean lo suficientemente mayores para trabajar, emplearlos con un horario para que puedan comprender el negocio y pagarles un salario. Siempre debe hacerse de manera transparente. Debe mostrárseles la importancia de lo que están haciendo sin afectar su desarrollo ni su vida social. Se les puede premiar, ya sea con palabras o con recursos, si se lo ganan. Estoy seguro de que esto sentará las bases para que preserven el patrimonio de generación en generación. Si los padres hacen esto correctamente, sus hijos también educarán con orgullo a sus propios hijos y podrán contar la historia del imperio de sus abuelos con lujo de detalles. Estoy convencido de ello, y ustedes también lo estarán después de adquirir la fuente de riqueza a través del conocimiento.

Nada se logra solo

Para aquellos que están leyendo esto, si alguien en algún momento afirmó que construyó su imperio solo, no les crean. Si un referente importante dice "lo logré solo", lamento decirles que está mintiendo. Incluso el nacimiento de un ser vivo requiere ayuda. Por lo general, para el nacimiento se necesitan tres elementos: dos que procreen y un tercero, el suspiro de la vida proporcionado por Dios o el universo. Algo básico: el cuerpo necesita de la célula, los nutrientes, los ojos y los oídos, la boca para expresar lo que escuchan y ven, y así con cada parte del cuerpo.

Puedo dar fe, a través de los fracasos vividos, de que realmente nada se logra solo. He emprendido muchos negocios y he intentado hacerlo solo, pero claramente no dio frutos. Elegí a la persona menos indicada debido a la falta de ideas y experiencia en emprendimiento, y mucho menos en la creación de una empresa. Al final, incluso enfrenté una denuncia en la que perdí el poco dinero que me quedaba. Sin embargo, de esta dolorosa lección adquirí una gran experiencia.

Algo que nunca deben hacer es contratar a alguien por lástima. Deben contratar a la persona que realmente se merezca el puesto. Por eso, durante el período de prueba, deben conocer bien a la persona que están incorporando a su empresa. Existen pruebas psicológicas y otros métodos que son fundamentales para el éxito de su negocio. Si no los utilizan, no llegarán a ningún otro lugar que no sea el fracaso.

Deben intentar invertir en aquello en lo que son buenos. Si todo va bien, exploren el potencial de eso antes de aventurarse en otros negocios. Luego, podrán buscar nuevas direcciones empresariales. Si están leyendo mi libro, se darán cuenta de que detrás de él hay muchas más personas e historias reales. De esta manera, si desean alcanzar una meta en la vida, deben bajar de las nubes y vivir con los demás. Deben preguntarse quiénes son y estar convencidos de su verdadero ser. Así encontrarán lo más preciado: la sabiduría.

Apoyarse en las experiencias de los demás también los hará sabios y evitará que cometan errores, tanto ustedes como los demás. Deben quererse y tener confianza en sí mismos; de esa misma manera, atraerán a personas a sus vidas que estén en sintonía con sus hábitos y actitudes, y tendrán la capacidad de elegir.

Hay algo que nunca deben olvidar: "la abundancia está ahí fuera, esperándolos". ¡Salgan sin miedo y encuéntrenla!

La prosperidad en los gobiernos

Quizá muchos se estén preguntando si estas leyes pueden cumplirse en los gobernantes y/o gobiernos. Puedo decirte con plena seguridad, después de estudiar y aprender sobre prosperidad, leyes del éxito y hábitos de las personas, que la respuesta es sí. La manera en que te criaron, la familia y el ambiente en el que creciste influyen en tu persona, y lo mismo ocurre con el presidente de la nación. Si te educan con una mentalidad de pobreza, ganar dinero sin esfuerzo, y envidiando a otros, etc., esto lo escribo con pleno juicio después de haberlo vivido y estudiado. Es algo que sucede en varios países, incluyendo Cuba. El presidente prometió una revolución del pueblo y para el pueblo, donde los pobres serían los dueños, y no habría más pobres. Lo que no dijo fue que ellos serían los nuevos ricos. Es un ejemplo claro de lo que puede hacer la envidia en el juicio de una persona. Más tarde, me enteré de que esta persona fue el padrino de boda del presidente de esa época. Fue una tremenda hipocresía, ya que deseaba lo que él tenía, lo sacaría por la fuerza y con gran violencia, debido a que no tenía la capacidad para ganar en elecciones libres. Pero al final de cuentas, no sabía cómo gobernar, y todo quedó en un sueño y esperanza de una nación que pasó de ser una de las más prósperas de América a la más pobre del continente.

Como ley de atracción, más tarde, una nación vecina se asoció con ellos y pasó lo mismo o incluso peor, como si se repitiera la misma historia. Se asocian en su gobierno con gobernantes que piensan como ellos. Puedo concluir que la forma en que los enseñaron influye en cómo son y dirigen. Sin embargo, todos tenemos la oportunidad de modificar nuestra forma de pensar y ser, sin importar cómo nos críen nuestros padres. Somos responsables de las decisiones que tomamos en el futuro.

Tenemos un ejemplo muy cercano que quedará para la historia, y es digno de mencionar con nombre propio y es precisamente el país de El Salvador, con su presidente Nayib Bukele; miren la familia de la que procede y su crianza; la fortuna personal y mental que tiene la ganó con su esfuerzo; por ende, su pensamiento es limpio y transparente; la forma en que dirige su nación se basa en estos principios, ya que quiere llevar prosperidad a todos los rincones del país; él cree en la abundancia para todos y se rodea de personas inteligentes que le aporten, que no le adulen, sino que puedan corregirlo cuando se equivoca; han ganado su puesto por derecho propio. Entonces, como yo lo veo, los principios y las leyes del dinero también rigen en los gobiernos.

Recuerda que lo que pidas o manifiestes es lo que el universo te dará; al momento de pedir analiza, reflexiona, medita y ora por lo que quieres de corazón. A la hora de votar por un gobernante, hazlo no por la necesidad que estés experimentando en ese momento; muchos políticos prometen de acuerdo a sus necesidades. Una mala decisión al elegir un presidente puede tener consecuencias que duren en algunos países cuatro años o en otros toda una vida. Una decisión apresurada puede vaciar tu bolsa de dinero, frenar tu progreso en la vida y, algo peor, afectar a las futuras generaciones; la coherencia entre lo que dices y lo que haces es única. No se puede tener una mentalidad negativa y una imagen positiva, ya que tarde o temprano se verán los resultados.

CONSTITUCIÓN, PROSPERIDAD Y ÉXITO

Me he detenido para escribir sobre un tema político en una nota. Para nadie es un secreto que el dinero, el éxito, la integridad y la prosperidad están íntimamente ligados a los asuntos políticos. Ningún pueblo prospera sin estos elementos básicos, y cuando uno de ellos falta, el país queda envuelto en crisis o en un gobierno corrupto; entonces, podrían preguntarse qué tiene que ver la Constitución en este asunto; les digo que tiene mucho que ver, si investigan verán que la mayoría de las constituciones antiguas parecían estar escritas como si fueran obra de un congreso mundial, todas hablan de la igualdad de los hombres y la divinidad de la vida, como si cada pueblo estuviera integrado de esa manera.

Sin embargo, como verán, muchos gobiernos, generalmente populistas y con mayoría en los congresos, lo primero que hacen es poner su garra en la Constitución para cambiarla, es como si el mal sintiera algo divino en ella; las naciones que, en su mayoría, no la cambian, tienen prosperidad en su pueblo. Aunque no todo es perfecto, cuando llegan gobernantes populistas que intentan modificarla, al ser tan fuerte y estar arraigada en su pueblo, no pueden transformarla. Esto significa que, en un pueblo culto, los cantos de sirena que prometen prosperidad fácil no pueden engañarlos; saben que nada se gana sin esfuerzo, conocen su historia y la Constitución, que fue creada con la sangre derramada de sus antepasados. Juraron no volver a sufrir la miseria que provoca tomar malas decisiones.

Cada acción que tomemos con respecto a nuestras finanzas debe ser un acto bien concebido, analizado y racionalizado antes de tomar acción, porque puede provocar una debacle en tu economía más adelante. Es como la inflación; no se puede ver en los primeros años, pero los efectos aparecen muchos años después, cuando hay aparente calma y nadie recuerda las decisiones tomadas. Debemos ser cuidadosos con dónde metemos nuestras narices antes de querer saber el olor que hay. Tengan cuidado con su lengua; no vaya a ser que lo que digan un día, después sea su propia lanza, no para lanzar fuego, sino porque no saben dónde caerá y puede ser que queme su propia casa.

En resumen, si no conocen su verdadera historia, no se apresuren. Investiguen y pregunten antes de actuar. Recuerdo que alguien sabio me contó una historia que describía a un gobernante prepotente que, por su fortuna, decidió matar a todos los ancianos porque ya no hacían nada y se perdía mucho alimentándolos. Observen hasta dónde llega la ignorancia de un hombre. El mismo olvidó la regla: primero piensa en ti mismo. Si se hubiera sentado a pensar, habría comprendido que estaba emitiendo un decreto que tarde o temprano se aplicaría a él mismo. Pero el caso es que decidió matar a todos los ancianos. No obstante, el general al que le dio la orden tenía un abuelo.

Otro detalle importante, es acerca si tienen un negocio, deben conocer a su personal, al menos a los más cercanos si son muchos. Este general no podía cumplir esa orden porque quería mucho a su abuelo, quien había desviado todo su éxito gracias a sus enseñanzas. Pero el abuelo tampoco quería la desgracia de su nieto y no quería morir; se sentía fuerte. Aquí el concepto de la vejez está en tu mente, llena de sabiduría que lo caracteriza. Le dio un consejo más a su nieto, y éste lo siguió.

Pasaron los años y como casi siempre sucede en estos casos, le llegó su hora por ley del destino, al igual que a la masa que dependía de su mandato; por eso, si eres dueño de una empresa o emprendedor, antes de tomar alguna decisión importante en tu negocio, piensa en que, si algo sale mal, muchas familias dependen de ti y deben tener un plan B; como mencioné, la sabiduría de esta persona de la historia al general fue ese día cuando el gobernante llamó a su general de mayor éxito para pedirle consejo, dejándole una gran enseñanza; aunque tenía la solución en ese momento, le dijo enérgicamente que lo siente, aunque no tenía la solución para que usted y el pueblo salieran de esta angustiosa decisión; años atrás, el pueblo no se opuso a la decisión del gobernante, ya sea por miedo a perder aquello que le habían dado a cambio de su lealtad. Fue cuando se apoderó la desesperación y la angustia entre todos ellos.

Otro principio importante es tener paciencia después de ver el panorama; el general le dice: "Recuerdan cuando se tomó la decisión de matar a nuestros ancianos, porque constituían aparentemente una carga económica; usted emitió un decreto que todos acataron y el pueblo aceptó, me dio esa orden, pero yo sabía que se equivocaban, y aunque lo sabía, no dije nada; ya estaba echada la suerte. Yo no obedecí, entendía que el día en que necesitaríamos a los ancianos llegaría, porque ellos tienen la solución, ya que habían pasado por eso y su padre también. El conocimiento se transmite de generación en generación y tienen la solución".

En ese momento, el gobernante desesperado le pidió que lo trajera de inmediato a su presencia y tuvo un momento de sabiduría, lo primero que hizo fue pedirle perdón y emitió un decreto para respetar a los ancianos y declarar un día del año para honrar la sabiduría universal transmitida a través de la palabra de cada uno de ellos. La moraleja es que la sabiduría es antigua, sin embargo, no por eso es vieja, sino duradera. Pueden venir muchas personas a tu presencia diciendo que tienen algo nuevo para ti que te hará rico, pero si no lo entiendes o no es tu campo, consulta a quienes conocen sobre eso; si decides invertir, asegúrate de que el proyecto sea confiable. No pongas en riesgo la gallina de los huevos de oro.

Recuerda, siempre comienza con cosas pequeñas y diversifica tu riqueza de manera que siempre tenga rentabilidad y se pueda valorar con el tiempo. Quiero que noten algo que estoy seguro se preguntarán: el nieto no podía revelar la solución debido a su sabiduría, porque esa misma sabiduría le advirtió que el secreto que escondía no duraría muchos años. También le enseñó que nunca diera un consejo sin asesorarse, ya que más tarde él sería afectado por lo que había dicho. Con la gloria, la memoria se olvida, como dice un sabio dicho de los pueblos. La prosperidad significa una cualidad o estado que te lleva a progresar, ser feliz y tener riqueza (John Maxwell).

Pandemia

Se dirán: ¿Abordar un tema tan triste, desolador y lleno de angustia? Y les respondo que, aunque parezca fuerte, es necesario; quiero rendir homenaje, aunque para muchos pueda parecer pequeño, a los padres, hermanos, amigos, primos, esposos o esposas que hoy no están; estoy seguro que muchos de ellos tenían sueños o habían emprendido un negocio. Para aquellos que sufren una pérdida y se sienten deprimidos y sin esperanza, deseo que encuentren un motivo para crecer. Recordemos que en tiempos de desgracia es cuando debemos ser más fuertes y avanzar.

Pueden estar pensando: ¿Por qué no escribir sobre la guerra? Más adelante también lo haré, porque es nuestra realidad; en otras épocas, sucedieron eventos similares y como siempre, la humanidad saldrá fortalecida y más unida; es como un renacimiento; estábamos preocupados, no obstante, debemos adaptarnos y seguir adelante; si observamos ahora, vemos que se habla con más fuerza sobre la educación virtual, las conferencias a distancia y hasta la moneda digital. Es un hecho innegable: la economía avanza a mayor velocidad, al igual que nosotros.

No queda más remedio que adaptarse; durante mucho tiempo, usamos mascarillas como parte de nuestra vida cotidiana. ¿Quién lo hubiera imaginado? Dejamos de volar, de reunirnos en familia, de viajar, aunque eso ya pasó. Hoy regresa la normalidad, quedan los recuerdos, y seguimos avanzando. Pero recuerden, los más preparados y los que tienen mejor situación financiera se beneficiaron más. Ya no podemos seguir quejándonos; debemos asumir responsabilidad, trabajar y construir. Si alguna vez enfrentamos otra crisis, podremos decir que somos personas diferentes, con fondos de emergencia sólidos para afrontarla. Después, nos levantaremos y seguiremos creciendo sin depender de bonos gubernamentales. Tendremos la gracia de poder ayudar a quienes más lo necesiten, gracias a la libertad financiera que alcanzaremos con esfuerzo y preparación, sin límites ni fronteras.

La mayoría de nosotros está equivocada; pensar que todo termina aquí es un error. A menudo olvidamos algo importante. Nuestro cuerpo es una vasija vacía, simplemente una transmisión; la energía ocupa esta vasija y una vez que este ciclo termine, esa energía seguirá existiendo, ya sea aquí o en otro lugar. Nuestra responsabilidad es cuidar y mimar esta vasija durante su etapa. La capacidad que poseemos es ilimitada, pero sólo aquellos que buscan el 100% de integridad en su consciencia y subconsciente pueden comprender la verdadera naturaleza de lo que somos; en el subconsciente, hay mucho más por descubrir. No debemos seguir ignorando nuestra verdadera esencia. Busquemos y encontraremos respuestas. Hagamos consciente esta búsqueda a diario, la existencia no termina; simplemente se transforma. Debemos continuar trabajando y creando en honor a aquellos que ya no están con nosotros. Desde algún lugar, desean que continuemos sus proyectos o avancemos en los nuestros. Busquemos la verdad, porque en estas palabras hay mucho más de lo que podemos imaginar. Descubramos por qué existen tantas cosas más. Como dice Josué 1:9: 'Mira que te mando que te esfuerces y seas valiente; no temas ni desmayes, porque Jehová tu Dios estará contigo en donde quiera que vayas'.

UCRANIANOS

Hablemos de la guerra, pero no de cualquier guerra. Pienso que ésta tiene algo único en la historia, es decir, esta guerra tiene algo especial, como un David enfrentándose a un Goliat; sucedió en una época posterior a la pandemia, en la cual para nadie tenía sentido que ocurriera, puesto que se suponía que la humanidad se uniría para enfrentarla y comenzar la recuperación de manera pacífica. Sin embargo, nunca contábamos con la súperinteligencia y la oportunidad que vio un líder, en este caso, un líder populista. Este líder pensó que era el momento ideal para doblegar a una pequeña nación que ya había demostrado su potencial económico; un dato histórico curioso es que este pequeño país abastecía a gran parte del mundo con trigo; no solamente eso, también tiene un puerto estratégico para el comercio; es por eso que digo que, en esta vida, en cualquier tiempo todo tiene un trasfondo económico; no podemos negar esta situación. Queramos o no, las finanzas son la esencia de quién puede ganar o no obtener utilidades.

Hubo una gran victoria, al menos eso pensaban hasta hace muy poco la gran potencia. Este pequeño pueblo demuestra una vez más a la humanidad que es la nueva Babilonia. Una pequeña ciudad fortificada con sabiduría e inteligencia puede lograr más que aquella de gran tamaño, recursos o dominio militar. No importa quién seas, cuando defiendes lo que amas, más que nada en el mundo, la libertad, demuestras que cuando un gobernante es íntegro, preparado y tiene moral, el éxito y la prosperidad de su pueblo están garantizados; este gobernante se llama Volodimir Zelenski; en esta guerra absurda, queda demostrada la otra cara de la moneda de lo que son capaces los líderes autoritarios. El líder que decidió hacer la guerra no tenía formación humana, espiritual ni sabiduría del éxito; aunque esté en el poder, no significa que el pueblo lo apoyó en su totalidad; demuestra que hay una forma diferente de mantenerse en el poder, entre ellas, utilizando los medios y personas con dinero para mantener desinformada a la población y utilizando la política del miedo.

La capacidad de infundir el miedo para que lo apoyen en su guerra absurda e incluso contra un pequeño país, aunque sé que todos llegan a un límite; el oro tiene la capacidad de comprar muchas cosas, incluso para financiar una guerra, sin importar el fin; con este ejemplo quiero decirles que cuando únicamente piensas en ganar, sin analizar que tarde o temprano perderás, es tan nefasto como perder todas tus bolsas de dinero reunido durante tanto tiempo en una gran estafa. Al final, la gloria se escapa de aquel que no cuida lo que con esfuerzo ganó, en este caso, para su pueblo.

Espero que con estos dos grandes ejemplos empecemos a analizar que no siempre lo que es bueno para uno lo es para otro; lo malo puede resultar en algo muy beneficioso; en este caso, si alguien no conocía a Ucrania, ahora lo conocen; no solamente por su producción de trigo, sino como un ejemplo de perseverancia y valentía. Demuestra cómo la inteligencia de un líder, sin importar la juventud, adquiere experiencia buscando consejo de los sabios. ¿Y quién mejor que una gran potencia que sabe mucho sobre guerra? El conocido Tío Sam, el dueño de la democracia más antigua del mundo y sus amigos al rescate, dejando bien claro que cada uno debe quedarse en su ámbito.

El principio de la grandeza dice que, si no conoces un negocio, no lo compres ni lo hagas. Si alguien te pide algo, debes preguntar qué hará con lo que le prestes de tus ahorros; si no lo sabe, significa que perderá tu riqueza; lo mismo ocurre si no conoces de guerra. Entonces, ve a alguien que sí lo conozca y pide su ayuda; todo se te hará más fácil y complicarás a aquel que intenta engañarte o agredirte.

De esta manera, puedes obtener recursos, medios y estrategias para llevar a cabo una guerra, además del conocimiento de cada equipo, contabilidad y las habilidades del personal que lo utilizará. Como mencioné anteriormente, Estados Unidos y su gran alianza saben que, si le dan muchos recursos a alguien sin el conocimiento adecuado, no servirá de nada. Es como darle una honda a un niño.

La sabiduría vale más que el dinero; si queremos triunfar, tanto en los negocios como en la guerra real, debemos buscar la sabiduría verdadera. Porque el dinero puede agotarse, pero si tienes sabiduría, tarde o temprano volverá a ti triplicada. Si te preguntabas por qué los ricos se vuelven cada vez más ricos, aquí tienes tu respuesta. Está demostrado que, si un rico próspero regala toda su fortuna a los pobres del mundo, en un año la riqueza volverá y crecerá. El dinero va detrás de aquel capaz de renunciar a lo suyo para ayudar a los desamparados y necesitados, creando empleos. Y regresa a aquel que posee la sabiduría. Nadie regala su riqueza si no la posee. Proviene de alguien que trabajó por un imperio y tiene los medios para obtenerlo con honestidad, cumpliendo el principio de la riqueza; no llegará a ti si no tienes integridad y respeto por el universo.

Quiero decirles que trabajemos para ser ricos, pero eso solo no es suficiente. Debemos ser ricos y prósperos, que es el verdadero secreto de la grandeza, un principio clave de la sabiduría universal.

Gracias al pueblo ucraniano, hoy escribo estas líneas. Han demostrado la grandeza de la unidad, la valentía de los grandes y el honor de hacernos ver que la grandeza existe incluso en tiempos difíciles. Nunca debemos perder la esperanza, ya que después de la tormenta llega la calma, si la sabiduría está presente; esto nos da la seguridad de que, con un objetivo verdadero, se logra el triunfo paso a paso y que poco a poco se alcanza la grandeza. Por lo tanto, puedo asegurar que, si quieres ser rico y próspero, debes ser paciente, guardar el 20 por ciento de todo lo que ganes y, cuando llegue la oportunidad, pedir consejo a los comerciantes experimentados de tu ciudad o de otros países. Para ello, está el Internet, que te permite saber qué hacer con tu fortuna, investigar y no poner todo tu dinero en un solo lugar. Trata de invertir en lugares que conozcas o donde puedas recuperar tu dinero si las cosas van mal, como un fondo de inversión con tasa de interés fija en cualquier banco. Siempre es mejor ganar algo que perderlo todo. Siempre habrá lobos solitarios disfrazados con traje y corbata dispuestos a vaciar tu bolsa. A veces, esos lobos pueden ser personas cercanas. No olvides: "el dinero siempre crece en aquellos que saben apreciarlo y el oro siempre busca la manera de regresar multiplicado".

Espero que puedan ver la forma positiva en la que yo vi esta historia de la vida real, que tarde o temprano tendrá un final feliz gracias a su gran muralla de sabiduría infinita.

Discrepancia

Ahora te contaré una historia real y seré sincero, no me había dado cuenta de cómo esto podría influir en el crecimiento y los pensamientos económicos de una familia, y en especial, en los hijos. Una amiga que tuve provenía de una familia adinerada y me contó la historia de su familia. En ese momento, no le di mucha importancia debido a mi gran ignorancia, espero que, al leer esta historia, puedas comenzar a comprender cuán profunda puede ser una relación y la conducta que debemos mantener en relación a ella.

Ella me dijo: "Mira, en este caso, mi papá nos tuvo realmente tarde porque somos el fruto de su segundo matrimonio. Él nos educó a todos, incluyendo a mi madre, en lo que respecta a las finanzas y cómo construir fortunas sabiamente desde una edad temprana. No obstante, cometió quizás un error al no permitirnos tener una relación sana con los hermanos del otro matrimonio. Asumo que, si los educó también a ellos, por lógica, nuestros hermanos paternos y nuestra madrastra también habrían recibido la misma educación. En todo caso, existen factores ajenos; nunca se espera la forma en que el duelo de una separación de matrimonio afectará a los hijos del otro matrimonio, lo que resultó en odio y envidia, con el único objetivo de ganar, sin importar lo que pudieran perder en términos de capital".

"Nadie imagina qué sentimientos se desarrollarán en la mente al crecer; estos hermanos decidieron heredar su parte del patrimonio en vida de mi padre y cuando eso ocurrió, él no se negó, puesto que, eran sus hijos. Esperábamos que les fuera bien, dado que, al fin y al cabo, eran parte de nuestra familia; pese a todas las circunstancias dadas, en poco tiempo el dinero se les acabó y comenzaron a necesitar ayuda económica. Con el paso de los años, mi padre falleció y nuestra madre asumió la dirección de los negocios. Gracias a esto la prosperidad se mantuvo en nuestra familia".

"Si observas la historia, es realmente fascinante para mí ahora, en todo caso, antes no tenía un gran significado; hasta hoy, cuando decido escribir y compartir estas experiencias, me doy cuenta de cómo puede ayudarte a ti, al igual que lo hace por mí. Ahora pienso en lo que motivó a estas dos familias, una a seguir consejos financieros sabios y a la otra no".

Mi reflexión y análisis me llevan a concluir que el conocimiento y la experiencia financiera pueden ser perturbados por las emociones, sin importar cuán grande sea la educación recibida. Estas emociones negativas, como el odio, la envidia, el rencor, el miedo, la desconfianza y la inseguridad, pueden desarrollarse con el tiempo sin tratamiento ni orientación positiva, lo que puede llevar a la destrucción. Esta destrucción es aún más difícil de superar cuando los padres contribuyen a la creación de estos sentimientos.

"Por lo general, sin que nadie se dé cuenta, los más afectados siempre serán los más pequeños; no importa el dolor y la angustia que cause una separación, nunca debemos pensar egoístamente; un buen padre o madre, sin importar la situación, siempre amará a su hijo; del mismo modo, un hijo pequeño puede sufrir la desesperación. Sin embargo, si los padres pueden llevar adelante una relación sana y madura como amigos, nadie tiene que sufrir".

"Cuando seamos mayores, veremos de manera más saludable que la decisión tomada en su momento fue la mejor; donde no hay amor, no hay obligación de continuar fingiendo; es mejor para ambos. Aprendí que debemos tener mucho cuidado con lo que sentimos y nunca debemos dañar lo que hemos construido con esfuerzo, especialmente el patrimonio. Debemos avanzar y seguir desarrollando una mentalidad próspera y de crecimiento, donde podamos tener pensamientos positivos y actuar de manera que todos se beneficien".

"En el futuro, recuerda que el dinero que llega fácilmente se va tan fácilmente como llega; por eso, los grandes empresarios siempre nos aconsejan esto; en esta historia real que viví de primera mano, pude percibirlo claramente como una gran lección para aquellos sin conocimiento o información sobre las leyes del dinero; estoy seguro de que ustedes también pueden comenzar a pensar y analizar a partir de ahora; para aquellos que son padres, sin importar en qué etapa de su relación se encuentren, deben considerar cómo abordar mejor el matrimonio o el divorcio. Para aquellos que aún no han pensado en el matrimonio o que ya están casados y tienen hijos, creo que es importante discutir este tema de manera sana y madura".

"Recomiendo que se haga un pacto prematrimonial y la redacción de un testamento, lo cual, para mí, no era algo importante en el pasado y lo veía como un acto de desconfianza; ahora sé que estuve equivocado durante muchos años; estos actos denotan confianza y seguridad en una relación que busca un gran futuro para ambos; si desean triunfar, deben seguir los pasos de las reglas financieras; el oro siempre busca a quienes lo aman y lo cuidan. La forma en que hacemos las cosas puede marcar la diferencia y debemos decidir qué tipo de diferencia queremos marcar; las palabras se las lleva el viento, pero la actitud y el comportamiento nunca mienten.

Tu futuro no depende de la suerte, solo de Dios, de tu esfuerzo y perseverancia

No sé si a ustedes les ha pasado muchas veces, pero estoy seguro de que a muchos de ustedes que están leyendo aún les está pasando o les pasó en algún momento. No voy a decir que era malo, pero en lo que sí estoy seguro es de que demostró con el paso de los años mi equivocación errónea, un pensamiento primitivo y anticuado. ¿Qué podría saber yo? Recuerden que uno actúa y piensa según lo que ve y le enseñan y muchas veces es reflejo de las personas con las que andamos, que por lo general están igual que uno o peor; no había nada que juzgar en aquella época, era mi pensamiento acerca de la gente que vivía mejor que yo o a la que se le veía prosperidad en algunos países; quizás en el caso de ustedes, la expresión es diferente, pero en el fondo significa lo mismo. Siempre en esta situación decía: '¡Qué suerte tiene esa familia! Mira cómo viven, la casa que tienen, cómo viajan. Seguro que están en la droga'. Puede ser, pero eso por lo general se sabe por lo rápido que aparece la fortuna.

En realidad, ¿qué me importaba eso? Sin embargo, ninguno de los que pensamos de esta manera podría imaginar que lo que veíamos era el resultado de años de trabajo, fracasos, pérdida de sueño y en ocasiones distancia de sus hijos y familia. De aquí la importancia de que, en el camino hacia el éxito, debemos cuidar nuestro cuerpo y buscar la forma de hacerlo en el proceso, por ejemplo, haciendo ejercicio y descansando las horas recomendadas, que son de 6 a 8 horas para algunos. También es importante encontrar tiempo en la semana para hablar con nuestros familiares cercanos, hablar de ellos y de las tareas en las que estamos desarrollándonos. Recomiendo que esto es primordial. Gracias a Dios, tenemos ejemplos de millonarios que en sus inicios pasaron por esto y hoy nos aconsejan que no lo descuidemos, porque es igual de importante que la riqueza.

Debo decirles que, aunque pasó mucho tiempo sin darme cuenta, comencé a cambiar mi mentalidad; me hablaron de Dios, del universo y de cómo lo que uno desea con fuerza se puede obtener; me dijeron que siempre se debe hacer lo correcto, debido a que todo lo malo que uno haga se paga en esta vida, incluso los malos pensamientos; no sé si fue miedo o sensatez. Inicié un proceso de cambio de paradigma y las cosas comenzaron a salirme mejor. Fue cuando me fui introduciendo en esto y empecé a pulir mi mente.

Me di cuenta de que el éxito dependía de la espiritualidad, el esfuerzo y la perseverancia; fue una fórmula matemática lógica que me ayudó a desarrollarme. La transformación fue tal que con el tiempo era como si el universo constantemente me premiara; de la nada, las cosas me salían bien y las soluciones llegaban; en este camino, aprendí que no se pueden olvidar estas cosas una vez aprendidas; deben estar en constante meditación, oración y recuerdo consciente; no debemos olvidar el camino transitado; esta es la solución para mantener el espíritu activo permanentemente; si sientes una baja de energía, no dudes en buscar la manera de activarla urgentemente. Debes crear tu propio hábito para esta situación y nunca dejes lo que puedas hacer hoy para mañana, porque cada día tiene su propio afán. Recuerda que, si lo deseas con fuerza, lo lograrás. El que persevera, triunfa.

Tu meta es ganarle a tu mayor excusa

Mucho tiempo hemos estado planificando una actividad o un negocio durante años, en ciertas ocasiones, incluso hemos elaborado un presupuesto y hablado con personas que conocen sobre el proyecto, hemos recopilado estadísticas sobre posibles ganancias y establecidos metas, hemos calculado el tiempo que tomará realizarlo, siempre llenos de entusiasmo, hemos informado a nuestros familiares más cercanos sobre esta nueva etapa de nuestras vidas y les hemos pedido ayuda económica, explicándoles el porcentaje de ganancia que recibirían una vez que el proyecto empezara a dar resultados.

Sin embargo, de manera mágica, con el paso de los días y los meses, nuestro entusiasmo se desvanece; evitamos a las personas de nuestra familia para no tener que darles explicaciones sobre cómo va el proceso, empezamos a ver con escepticismo lo que habíamos visualizado.

Si te encuentras en esta situación y realmente deseas lograr tu objetivo, es fundamental reconocer que tu principal obstáculo eres tú mismo; la solución está en reunirte con las personas y la familia a quienes les habías compartido tus planes.

Debes ser honesto y admitir que te faltaba conocimiento en la materia, que lo veías como algo imposible y que necesitas tiempo para encontrar a alguien que posea experiencia en el tema y que pueda ayudarte en tu investigación.

Al compartir esto, demostrarás madurez y es probable que ellos te brinden su apoyo; no más excusas. Deben prepararse exhaustivamente y las oportunidades de negocio llegarán después si perseveras en tus ideas y principios. Recuerda que cualquier emprendimiento es alcanzable, ya que el conocimiento es poder y la transferencia de sabiduría es una manifestación de ello. No descanses en tu búsqueda y no permitas que las excusas te alejen de tus sueños.

AL QUE MADRUGA DIOS LO AYUDA

Cuántas veces en nuestros países latinos hemos escuchado el dicho "al que madruga, Dios lo ayuda". Me imagino que, sea en el idioma que sea, al final debería significar exactamente lo mismo; en cualquier caso, depende de la interpretación. Para mí, hasta hace poco, significaba levantarse temprano y pensar que cosas buenas me sucederían o que podría encontrar dinero que otros no verían porque pasé primero por esa esquina. A medida que ha aumentado mi entendimiento, me doy cuenta que estaba lejos de la realidad.

Escuchando las historias de tantos millonarios, he transformado mi interpretación; ellos se levantan temprano para desarrollar su cuerpo, su mente y para organizar mentalmente cómo quieren que les vaya el día, es decir, buscan un mayor rendimiento mediante una mejor planificación. He entendido que, si quiero alcanzar lo que ellos han logrado sin envidia, debo seguir su ejemplo.

Quise saber qué pensaba un vendedor de helados que es el primero en abrir su negocio en la calle, incluso antes de que comience el tránsito de la mañana al salir del trabajo. Me respondió con esta frase: "Puede ser cierta, en mi caso me levanto temprano para organizar la producción del día. Además, algo esencial es que amo mi trabajo; la constancia es la esencia. Para mí, todas estas personas tienen razón. Muchas son las personas que amanecen, pero no todas pueden realizar una actividad, ya sea por enfermedad o por su condición física".

En cuanto al emprendimiento, es posible que algunas personas no puedan decir ni hacer nada, pero en lo que respecta al agradecimiento, desde mi punto de vista, sí se puede sentir gratitud por estar vivo cada mañana y eso es un logro en sí mismo.

En resumen, puedo decirles que no hay beneficios en ninguna empresa sin sacrificar incluso su descanso. Después de hacerlo muchas veces, se convertirá en una forma de vida que, una vez que alcance el éxito esperado, será un hábito del que nadie se arrepentirá. Si ya eres millonario, tendrás más tiempo para dedicar a tu cuerpo y a tu familia, podrás seguir estudiando y enriqueciendo aún más tu caudal de conocimiento activo. No serás indiferente al dominio del universo espiritual y material. Cada día te volverás más sabio y próspero. Este es un consejo.

El primer paso puede ser difícil, pero les aseguro que, una vez que lo logren, se volverá rutinario. Su cuerpo y mente sentirán el cambio y la transformación y seguramente otros notarán que te ves muy diferente, a menudo, las personas a tu alrededor se dan cuenta antes que tú. Cuando eso suceda, sabrás que es el inicio de tu verdadera metamorfosis espiritual. Recuerden siempre que "al que madruga, Dios lo ayuda" no es solo una frase, es una meta de consagración que nunca terminará, incluso después de alcanzar tus metas y éxitos. Permanecerá profundamente arraigada en tu ser. Si ellos pudieron, yo pude, ustedes también pueden. No hay otro camino. Vamos hacia adelante. Los esperamos en la meta del triunfo. Equipo.

Sube a otro nivel, no te detengas

¿Alguna vez te has preguntado qué significa cuando alguien te dice que estás en otro nivel o que debes elevar tu nivel? La pregunta es en qué circunstancias o etapa de tu vida te hablan así, porque siempre debes estar activo. Desde aquí es donde surge tu oportunidad; tus acciones y momentos deben estar en consonancia con tu existencia y tu deseo de grandeza. Debes tenerlo siempre presente, ya que no es malo en sí mismo, pero puede ser perjudicial cuando te dejas llevar por la competencia con los demás.

Escucha siempre y compite contigo mismo. Estas acciones son las que determinarán el éxito o el fracaso en esta existencia. Por lo tanto, tu meta debe ser diaria: revisa qué estás haciendo y cómo actúas. Pregúntate por qué hoy sí y mañana no. Esto es clave para generar una costumbre permanente, acumular experiencia y, al mismo tiempo, mantener una expectativa positiva o negativa según tu estado energético en ese preciso instante.

Por eso, cuando te hagan la pregunta, piensa en qué momento te encuentras y así tendrás la respuesta sobre lo que desean de ti. Debes saber que lo que se nota no necesita ser preguntado. Las personas que te rodean serán aquellas a las que tu energía permite acercarse. Si deseas avanzar, debes rodearte de personas que, como tú, quieran que todo salga bien y te deseen una energía ganadora.

Nunca permitas que en tu mente entren pensamientos de envidia o una falsa grandeza que no te hayas ganado. Al no ser capaz de visualizarlo, permitimos muchas cosas que más tarde no podemos alcanzar. Es mejor ir limpiando el camino y no dejar nada al azar. Así, no tendrás que volver atrás para confirmar lo que hiciste mal. Si ya está bien desde antes, te permitirá avanzar en paz hacia otro nivel. Es muy sencillo, solo debes permanecer centrado en lo que deseas. La norma es pensar en grande. Siempre comienza con algo pequeño, pero con fuerza para adquirir madurez y luego ve por lo más grande.

Puedes desear con mayor convicción, aunque no lo creas. Este es uno de los secretos del éxito de muchos de los millonarios que leemos o vemos en las noticias. Y digo esto sin guardarme nada, la paciencia y la perseverancia son dos de los pilares fundamentales para alcanzar ese premio que buscamos. Siempre debemos tenerlos en cuenta; no creas que lo que vemos hoy siempre fue así; ellos tuvieron que superar muchos obstáculos y vicisitudes que hoy no vemos, pero que podrían haberlos borrado de la existencia. No obstante, esas dos cualidades o hábitos siempre estaban presentes; se levantaban y buscaban una nueva estrategia y así hoy pueden disfrutar de su triunfo. Pueden contarnos lo que pasaron para que otros no tengan que pasar por lo mismo.

Otra cualidad importante es la reciprocidad: "si me dieron, yo también doy"; esto demuestra sabiduría; la verdadera prosperidad no nos hace egoístas, sino personas generosas; por tanto, cuando estés listo, puedes hacerte la pregunta y responder: "Estoy en otro nivel"; espero que todos estemos en ese nivel algún día. ¡No pierdan la fe!

No descanse jamás

"No descanses jamás, busca tu sueño" es una frase que no entendía. La repetía mecánicamente, la había escuchado, aún hoy no recuerdo la manera en que llegó a mí, si fue escrita o murmurada en mi subconsciente, me ayudó; ella estaba ahí, dormida, pero para nada consciente, señores. No me daba cuenta, pero siempre perseguía un propósito sin saber aún, cuando emigré, me decía: "Primero debo lograr grandes cosas en mi país, formarme bien, construir una casa de dónde vengo. Eso es un gran logro". Sepan que cuando logré eso, me dije: "Ahora sí, estoy listo". Estaba muy equivocado.

Considerando tus expectativas, creadas de acuerdo con lo que condiciona la sociedad donde vives, si te hacen repetir tantas veces las mismas mentiras que atiborran tu pensamiento, llegas a creer que no existe nada más; con esto no juzgo, sino que trato de aclarar la perspectiva; lo que para uno es algo novedoso y grande, para otro es simple; es como normalmente funciona la mente humana. En cualquier caso, lo cierto es que esa frase me hacía sentir vivo en la búsqueda de la grandeza; no descansaba; no dominaba aún la esencia de la palabra. Tendría que domarla.

Consideré fervientemente que tenía una razón, como quizás también en muchos de ustedes exista. Fue cuando dije: "Tengo que llegar a un equilibrio consciente y subconsciente para poder controlar la esencia de la frase". Puede que me siguiera como un hábito subconsciente de la suerte. Convertirla en algo real que fuera conmigo me llevaría al éxito.

Inicié un proceso de viaje o meditación, reflexionaba día a día el desarrollo de mi vida; en el paso a paso, pude encontrar que hubo momentos en que había armonía entre mi mente consciente y subconsciente. Entonces sucedían cosas positivas basadas en esa palabra, la convertí en un hábito y creé una expectativa con ella, siempre positiva, no encontré espacio en las dudas, lo mentalizaba e inmediatamente ejecutaba.

Aquí está mi libro; siempre estuvo aquí, pero no había descubierto la razón; este no podía salir a flote; una vez visualizado, le juro que no dejaba de escribir. Solamente venían a mi mente títulos de temas y palabras, algunas veces no podía ni dormir; Me levantaba escribiendo las ideas, las palabras e historias ya estaban muy claras, entendí que el libro ya estaba escrito, pero yo no había encontrado aún el camino. Tuve que pasar por tantas cosas; al final, todas fueron para enseñarme cuál era mi terreno, el destino y el fin de todos fue no perderme e iniciar el proceso que este universo me había asignado hacía mucho tiempo; no encontraba cuál era la razón hasta este momento en que le estoy escribiendo estas líneas. Es decir, para cada uno hay un propósito, una meta divina; poseemos los talentos, únicamente debemos buscarlos, es nuestro tesoro escondido. La riqueza es universal, como también lo es la sabiduría.

Sé que a través de este libro lo hallarán. Y, por supuesto, en cada capítulo, les daré un mantra para que lo visualicen y lo crean. No van a leer por leer.

Mi propósito es ese; cuando terminen de leerlo, crean más en ustedes y salgan a buscar lo que siempre les perteneció. Si están leyendo mi libro, es porque están más cerca. Recuerden, el conocimiento es poder. Nunca sobra.

Pasa el balón

Querido lector, estoy seguro que conoces el fútbol y, como en todo deporte, el trabajo en equipo es esencial; Pelé no fue llamado Rey sin haber trabajado en equipo. Debo reconocer que podrías estar preguntándote qué tiene que ver esto con la riqueza y el éxito, pero en realidad tiene mucho que ver con el tema.

Pienso constantemente que, si hubiera tenido en cuenta este principio, habría evitado la pérdida de dinero debido a estafas o a escuchar a familiares sin conocimiento financiero, amigos, la televisión y periódicos. La noticia de la pérdida de mi fortuna me llenó de miedo. Son muchas las razones que nos llevan a tomar decisiones impulsivas, y quizás, como yo en algún momento, decidieron emprender un negocio con desconfianza hacia las personas. Por lo tanto, optaron por llevar adelante su negocio solos y sin descanso.

Finalmente, en mi caso, mi negocio fracasó, lo cual era de esperar, ya que no tenía idea de en lo que me había metido. Estoy seguro de que, al igual que muchos de ustedes que están leyendo estas líneas, les podría haber pasado. Me preguntaba cuáles eran las causas de mi fracaso y aprendí a través de la experiencia que ninguno de los millonarios de hoy en día hubiera logrado su imperio sin trabajar en equipo. Además de estar bien preparados, pasaron el balón a otros para que la jugada fuera perfecta y tuviera el resultado esperado según la planificación de su empresa.

Ya podrán imaginarse que es un principio inalienable el delegar tareas a otros, especialmente si tenemos el conocimiento y contamos con personas con experiencia en otras áreas del negocio que deseamos emprender. Esto nos hará muy felices, ya que cada persona tiene su propio talento. Nosotros estaremos obligados a desarrollar el hábito de confiar en las demás personas y supervisar la misión que les asignemos sin crear incomodidad en nuestros subordinados.

No les voy a decir que sea fácil. Por ejemplo, a la hora de buscar una editorial, decidir hacerlo no fue fácil, puesto que tenía que pagar, además de enviar mi obra a unos desconocidos y más sabiendo de todas las estafas. Sabía que no podía realizar el trabajo de edición por mí mismo; necesitaba un equipo calificado si quería lograr el éxito de este libro. Es aquí donde ustedes pueden disfrutar de esta maravillosa obra y aprender de ella.

El mensaje principal es delegar, confiar, pero investigar. Recuerdo una historia que me contó un conductor de autobús. Como sabes, si te mudas a otro país, estos conductores pueden darte un panorama bastante claro del lugar donde comenzarás tu nueva vida. Son bastante objetivos en su análisis. Recuerdo que me contó un conductor que era dueño de varios autobuses que, cuando contrataba a un chofer para uno de ellos, le preguntaba de todo. El primer día de trabajo, él personalmente iba a recoger al nuevo chofer a su casa. Su lema era: "Puede que diga cosas muy bonitas de él, pero cuando conozca cómo vive y el tipo de familia que tiene, sabré realmente con quién estoy tratando". No dejaría su tesoro en manos de alguien que no cuida su hogar y su familia.

La enseñanza aquí es que no puedes dejar tu bien más preciado, que es tu sustento, en manos de alguien que no cuida lo suyo. En cualquier esfera de la vida y la economía, para delegar debes conocer muy bien a quién confiarle la empresa, pero no puedes dormirte en los laureles; siempre debes supervisar. Nunca podrás llegar a la cima del éxito sin un equipo profesional a tu lado. Por eso, pasa el balón para que puedas convertirte en el Rey de lo que emprendas.

APRENDA A DECIR NO

Una de las cosas más difíciles para el ser humano resulta ser esa palabra, "no". Teniendo en cuenta que a menudo se asocia con ser una persona mala, egoísta o ambiciosa, nada está más lejos de la verdad. Un análisis adecuado puede ayudarnos a evitar situaciones difíciles, especialmente si esas situaciones pueden tener un impacto generacional en el futuro. Puedo subrayar la importancia de tener la capacidad racional para interpretar la magnitud de algo que quizá ni conocemos y, en consecuencia, decidir si debemos decir "sí" solo para quedar bien con los demás o para evitar juicios instantáneos. A menudo, esta respuesta inicial se basa en cómo nos vemos a nosotros mismos. La pregunta crucial antes de emitir un juicio en cualquier circunstancia debería ser: "¿Realmente me ama?". Enfrentar una situación difícil puede ser solo una opinión o decisión, y su contexto dependerá de si lo que digo beneficia tanto a mí como a la persona que solicita el apoyo.

Con esto quiero transmitir que, si ambas partes no están de acuerdo, es cuando saber decir "no" es lo más apropiado, sin importar los supuestos beneficios. Si lo que nos proponen no nos convence, amigo mío, debemos aprender a decir que "no". He pasado por esta situación muchas veces y puedo decir que por no expresar lo correcto, perdí mucho dinero que nunca logré recuperar. Debo admitir que a veces me costaba enviar dinero a mi familia, pero tenía que ponerme a mí primero. Decir "no" me salvó en numerosas ocasiones de sufrir necesidades.

Recuerden, queridos lectores, que, si deciden emprender, habrá muchos momentos en los que esta palabra, "no", definirá su verdadero conocimiento y su madurez empresarial. Les abrirá el camino a grandes oportunidades que podrían estar esperando. A menudo, es una prueba de vida que no conocemos previamente. Saber decir "no" marcará un antes y un después en su desarrollo. No siempre decir "sí" es lo correcto. Alcanzar la sabiduría requiere de constancia, pero los hará sentirse libres y aliviará la carga que no les corresponde.

El camino hacia la riqueza y la prosperidad es largo y comienza con pequeños pasos que, con el tiempo, los llevarán al éxito. Siempre recuerden que el dinero atrae al dinero. Deben mantener sus expectativas y estar preparados para cuando llegue la oportunidad. En este camino, a menudo tendrán que decir "no", y eso les permitirá mantener sus metas claras. Al final, podrán levantar la cabeza con orgullo y decir: "Logré lo que me propuse sin cometer errores ni hacer nada de lo que me arrepienta". La libertad financiera los espera, salgan a buscarla ahora. ¡Adelante!

Saber perder

Como podrán notar, es muy incómodo o aceptar reconocer cuando perdemos. Cuando llegué a esta situación, me resultó muy difícil desarrollar paciencia, buscaba en mi mente y me preguntaba qué podía hacer; por naturaleza, a los seres humanos no nos gusta perder; en nuestros ADN siempre está el deseo de ganar. Me cuestionaba cuándo en la vida perder podría ser una virtud y cómo hacerlo podría convertirse en un ejemplo a seguir, demostrando que ocasionalmente saber perder constituye una victoria. Y sí, existen muchas historias en la humanidad en todas las esferas. Por ejemplo, en la armamentística, desde los reyes hasta cuando algún ejército veía la superioridad bélica, preferían admitir su derrota a que se perdieran la vida de sus hombres, llegando a acuerdos de tregua.

También en el deporte, en la modalidad de fondo, un corredor español, cabe mencionar su nombre por su acción, Iván Fernández, quedó para siempre en la historia del deporte. Al final de la meta, el corredor keniano que iba adelante se equivocó y tomó el carril equivocado; Iván lo guio nuevamente y finalmente ganó. Cuando le preguntaron por qué hizo eso si podía llegar en primer lugar, sin titubear dijo que ¿De qué serviría un primer lugar para alardear si en su consciencia sabría que no fue su mérito? Sus padres le habían enseñado el valor de la transparencia. ¿Qué ejemplo daría a mi hijo si le enseñara a ganar con trampa? Para mí, este segundo lugar es mucho más que la victoria; es la dignidad y la honra. Finalmente, gracias a esto pude entender un dicho de mi país: "perdiendo también se gana". Esto quiere decir que si vamos a hacer un negocio en el cual podemos perjudicar a otros a cambio de nuestro beneficio, no tiene nada de grandeza. En cambio, si lo hacemos con ideas en las que ambas partes puedan lograr beneficio, eso sí es satisfacción. Como dice el refrán, "cuando menos piensas, el universo te recompensa el doble".

Puede ser que en tu pueblo haya otros como tú, pero si trabajas sanamente un año puede que pierdas, pero eso constituye un estímulo para hacerlo mejor el próximo. Lo importante no es perder, sino saber que no significa una oportunidad para levantarte con más energía. Siempre digo que seremos más sabios, aprenderemos por qué motivo el otro fue mejor y perfeccionaremos más nuestro trabajo, creciendo más y cuidando cada detalle. ¿Entienden ahora, como yo, la importancia de saber perder? En realidad, nunca se pierde, avanzamos porque presionamos y crecemos como seres humanos. Nunca olvides que una mente débil se queja constantemente, mientras que una mente fuerte analiza, acepta y resuelve. Estoy más que seguro de que ustedes irán por la segunda opción. Solamente compitan consigo mismos si quieren ser los mejores en lo que hacen.

El poder que hay en pedir disculpas

Resulta que en el mundo ha habido imperios destruidos, países sumidos en guerra, familias destrozadas, matrimonios que han terminado, hermanos que se odian hasta la muerte, empresas arruinadas, negocios en quiebra y en todos ellos hay un denominador común denominada, inadecuada comunicación efectiva. Existe una fábula, quizá contada de forma diferente en cada país, que ilustra este punto.

La fábula narra la historia de dos hermanos que heredan una tierra. Ambos se llevaban muy bien, no obstante, en un momento del año viajaban a un retiro durante tres días; en algún momento, surgió una incomprensión en los términos de la herencia, ya que no había testamento. La discusión fue tan intensa que el hermano mayor ese mismo día contrató a un constructor para desviar el cauce del río y así evitar que el otro cruzara su tierra. Imagina cuánto dolor sintió el hermano menor.

Tres días después, un carpintero pasó por su tierra y le pidió al hermano mayor que le hiciera un trabajo, éste pensó que, aunque su hermano había desviado el río, aún lo podía ver; por consiguiente, ordenó construir una cerca para no tener que mirarlo, le pidió al carpintero que lo hiciera en tres días, recordando si era suficiente tiempo. Esta era la época en la que ambos hermanos solían viajar; al llegar esa noche, muy cansado del viaje y centrado en la cerca, se acostó sin darse cuenta de lo que se estaba construyendo.

Al día siguiente, para su sorpresa, en lugar de una cerca, encontró un puente que atravesaba el río, comenzó a reclamar al carpintero; mientras esto ocurría, el otro hermano vio el gesto y pensó que lo estaban saludando. Se dio cuenta de lo grande que era el corazón de su hermano menor, una lágrima brotó de sus ojos y corrió a abrazarlo. Se fundieron en un abrazo, pidiéndose disculpas mutuamente. Una vez más, sanaron las heridas.

Lo que nos enseña esta historia es que, si existe una comunicación efectiva, no hay temor de decir "lo siento" o "disculpa". Esto solamente puede ocurrir si se logra la madurez en la comunicación. No importa cuántos libros leamos o cuántos audios escuchemos; si no logramos la empatía en nuestra comunicación, las personas de ambos lados no sentirán que les interesa. Sin embargo, si logramos esto, tendremos el poder y el valor de decir "lo siento" o "disculpa" cuando sea necesario. En una empresa, esto cultivará un espíritu de amor por lo que hacen y el negocio estará en el camino hacia el éxito, ya que el equipo se integrará al proyecto, compartirá metas y sentirá que también es su sueño con identidad propia. ¡Todos ganan!

No habrá temor de decirle al jefe "disculpa" y una vez que esto ocurra, se sentirá que el poder de pedir disculpas es parte de la sabiduría universal. Esto brinda libertad y seguridad en la búsqueda de un propósito. Si aparece otra oportunidad, estarás preparado para iniciar otro proyecto. Si te cierras al cambio, te cierras a la mejora. No hay mejor empresa que aquella en la que todos sienten un verdadero sentido de pertenencia hacia el lugar donde trabajan.

No somos Dios

No quiero terminar este instructivo sin antes recordarles que la vida aquí en la Tierra es única; lo que siembres, recogerás. Debemos ser íntegros, ya que existe una correspondencia con la prosperidad. Debemos tener claridad en nuestras acciones y propósitos. Eduquémonos y seamos de pensamiento fuerte para armonizar con el universo espiritual.

Algún día tendremos herederos y es de mi interés recordarles que deben dejar un legado del cual sus hijos estén orgullosos y puedan enseñar de generación en generación. Este legado permanecerá si lo han alcanzado, creado con el principio de ganar sin afectar a otros. Tarde o temprano, siempre las acciones regresan, seguramente cuando menos lo imaginen. Por esto, su familia estará garantizada. Nunca serán vencidos. Si algún día enfrentan dificultades, la enseñanza se mantendrá, esta nunca muere.

Si la fortuna se perdiera en algún momento, tendrán los medios para volver a levantarse siempre que reconozcan que la mayor riqueza es la sabiduría; ésta, junto con la perseverancia en el triunfo, hará que no se detengan como sus predecesores. Ellos saben de dónde vienen y al saber quiénes son, serán más fuertes, sus metas nunca se perderán. No somos Dios, pero podemos mantener un legado de gran sabiduría y riqueza que nunca se acabará si el árbol está bien plantado. Jamás será derribado. El que siembra recoge los mejores frutos de la cosecha.

La esperanza se llevará a la práctica con resultados; recuerden, nadie llega a la cima sin dar el primer paso; ser millonario no ocurre de la noche a la mañana, requiere sacrificio y pasión. Sólo Dios creó el mundo en 7 días, para nosotros; crear fortuna puede llevar varios años. La suerte no existe; únicamente existe la expectativa combinada con la perseverancia que nos llevará a nuestras metas. Nada de esto es posible sin conocimiento y sabiduría adquiridos. Ahí está el verdadero secreto del éxito. No hay otra fórmula matemática. Si alguno de ustedes no cree, entonces leer esto es innecesario. Hay un dicho que dice que el que persevera triunfa. Si están leyendo mi libro, podrán saber por mí que es una gran verdad. No tengan miedo, sigan sus sueños. Nadie nace sin talentos en este mundo. Hay abundancia de dinero para todos en el universo. Para ser felices y prósperos, solamente tienen que creerlo y buscar su parte. Les corresponde a ustedes. Nadie se lo dará si no se esfuerzan y disciplinan en lo que desean emprender.

Tengan siempre presente que es muy importante no invertir todo en la misma canasta. Es decir, del 20 % que tienen para sus planes de inversión, únicamete deben utilizar el 10 % para iniciar un nuevo negocio. Es muy importante si quieren triunfar de esta manera siempre tendrán capital si algo saliera mal. ¡Eureka!

www.ingramcontent.com/pod-product-compliance
Lightning Source LLC
LaVergne TN
LVHW041537060526
838200LV00037B/1024